Hans Joachim Schliep

Was uns unbedingt angeht...

Hans Joachim Schliep

Was uns unbedingt angeht...

Kronsberger Predigten

Fromm Verlag

Impressum / Imprint
Bibliografische Information der Deutschen Nationalbibliothek: Die Deutsche Nationalbibliothek verzeichnet diese Publikation in der Deutschen Nationalbibliografie; detaillierte bibliografische Daten sind im Internet über http://dnb.d-nb.de abrufbar.

Bibliographic information published by the Deutsche Nationalbibliothek: The Deutsche Nationalbibliothek lists this publication in the Deutsche Nationalbibliografie; detailed bibliographic data are available in the Internet at http://dnb.d-nb.de.

Coverbild / Cover image: www.ingimage.com

Verlag / Publisher:
Fromm Verlag
ist ein Imprint der / is a trademark of
AV Akademikerverlag GmbH & Co. KG
Heinrich-Böcking-Str. 6-8, 66121 Saarbrücken, Deutschland / Germany
Email: info@frommverlag.de

Herstellung: siehe letzte Seite /
Printed at: see last page
ISBN: 978-3-8416-0369-2

Meiner Frau
Gabriele
und unseren Kindern
Jan Kristof, *Jens Michael*,
Anneleen und *Jörn Hendrik*
in Dankbarkeit und Liebe
gewidmet

Inhaltsverzeichnis Seite

Zur Einführung

Liebe Leserin, lieber Leser!

„Glaube ist das Ergriffensein von dem, was mich unbedingt angeht." Diese bekannte Formulierung von Paul Tillich hat mir sehr geholfen, überhaupt ein Verständnis für „Glauben" zu gewinnen. Denn nach einer agnostischen Erziehung wurde mir erst in einem langjährigen mühevollen Erkenntnisprozess klar, wie sehr „Glauben" im Sinne des „Ergriffenseins von einem unbedingt Angehenden" in allen Lebensbereichen eine entscheidende Rolle spielt.

Nach einer Berufsausbildung und -ausübung im Schiffbau und dem Humanistischen Abitur auf dem 2. Bildungsweg habe ich Ev. Theologie und Philosophie an der Ruhr-Universität Bochum studiert. Von der Vikarszeit ab 1974 bis zum formellen Eintritt in den Ruhestand 2010 war ich überwiegend in der Ev.-luth. Landeskirche Hannovers tätig: zur einen Hälfte im Gemeindedienst in Bremerhaven und Hannover, zur anderen Hälfte als Oberkirchenrat im Landeskirchenamt und Direktor des Hauses kirchlicher Dienste sowie als Theologischer Referent für Fragen der Umwelt-, Medizin-, Technik- und Wirtschaftsethik in Hannover. Darum gehörte der Dialog mit gesellschaftspolitischen Themen - vor allem mit den Menschen, die in Wirtschaft und Technik Verantwortung tragen - zu meinem Aufgabenspektrum.

Unter dem Anspruch der Dialogfähigkeit und lebensweltlichen Einbettung veröffentliche ich hier einige Auslegungen biblischer Texte als „Kronsberger Predigten". Denn in diese Sammlung habe ich nur Predigten ab meiner Zeit als Pastor am Ev. Kirchenzentrum Kronsberg in Hannover aufgenommen. Die hier abgedruckten Predigten - weitere sind in Predigtdatenbanken im Internet abrufbar - wurden überwiegend in der Kronsberger Abendkirche, einem Gottesdienst in neuer Gestalt, gehalten. Einige Predigten sind in der für die St. Johannis-Kirche Bemerode und die Wülferoder Kapelle, zu denen das Kronsberger Kirchenzentren gehört, sowie für andere Gemeinden überarbeiteten Fassung abgedruckt.

Von 1999 bis 2008 war ich auf dem Kronsberg mit der Gemeindebildung in einem unter ökologischen und sozialen Gesichtspunkten zur EXPO 2000 errichteten Neubaugebiet betraut. Bei einem Durchschnittsalter in der sich bildenden Gemeinde von anfänglich 30 Jahren und einem Anteil von weniger als 30% der Bevölkerung, die der Ev.-luth. Landeskirche Hannovers angehörten, waren viele neue Wege zu gehen. Vielleicht klingt davon ein wenig an, wenn einige Predigten Elemente der Popkultur aufnehmen oder in Literatur- und Filmgottesdiensten gehalten worden sind. Hierbei handelt es sich um eine kleine Auswahl, bei der ich die Predigten im Rahmen von Kunstausstellungen und Musikgottesdiensten außen vor gelassen habe. Im Internet gibt es eine Seite zum Ev. Kirchenzentrum Kronsberg.

Einige Predigten mögen recht anspruchsvoll erscheinen. Doch gab es im Neubaugebiet Kronsberg neben der Abendkirche auch die Mittagskirche und die Nachtkirche (Freitagnacht) als einfache Gottesdienstformen, außerdem die Kinderkirche am Samstag sowie Familien- und Jugendgottesdienste. Im Blick auf die derzeitige Entwicklung der Predigtkultur - „möglichst kurz und einfach" - gibt mir aber zu denken, dass ich unbeschadet des formalen Bildungsstandes der Menschen die meisten positiven Rückmeldungen auf anspruchsvollere Predigten erhalten habe. Einige der hier abgedruckten Predigten sind in vorbereitenden Gesprächen mit Gemeindegliedern entstanden. Nachgespräche gab es fast immer. Fast jede Predigt wurde zur persönlichen oder zur Vertiefung in Gesprächsgruppen schriftlich erbeten.

Mein Notiz- und Zettelkasten ist chaotisch. Deshalb konnte ich nicht alle Zitate verifizieren. Dafür bitte ich um Entschuldigung. Im Blick auf die formale Gestaltung der Texte bitte ich um Nachsicht dafür, dass ich z. B. bei der Wahl von Schriftzeichen und Abständen nicht immer ganz konsequent verfahren bin. Auch werden trotz mehrfachen Korrekturlesens Schreibfehler unerkannt geblieben sein. Kursivschrift dient sowohl der Hervorhebung als auch der Zitation. Aus Platzgründen habe ich Predigttexte nur mit abgedruckt, wenn sie nicht aus der Luther-Bibel 1984 stammen.

Bei der Auswahl der Predigten habe ich mit Freude die Hilfe von Dr. Christa Wewetzer, Biologin und Gesundheitswissenschaftlerin am Zentrum für Gesundheitsethik an der Ev. Akademie Loccum, in Anspruch genommen! Ihr danke ich zusätzlich für lange Jahre guter Zusammenarbeit.

Ebenfalls danke ich meiner früheren Deutsch- und Geschichtslehrerin Hildegard Röhr, die in Bremerhaven eine überaus aufmerksame Hörerin, gelegentlich bei (Rundfunk-)Dialogpredigten Partnerin und dann über Jahrzehnte hinweg eine genaue Leserin meiner Predigten bis ins nun biblische Alter hinein ist!

Viel gelernt habe ich auch durch die Vikarinnen am Ev. Kirchenzentrum Kronsberg: Anja Niehoff und Sandra Schulz.

Über alles aber danke ich meiner lieben Frau *Gabriele*, die mir seit nun fast 50 Jahren in allen mir anvertrauten Aufgaben zur Seite steht. Sie war meist die erste Hörerin meiner Predigten. Durch sie und unsere vier inzwischen längst erwachsenen Kinder *Jan Kristof*, *Jens Michael*, *Anneleen* und *Jörn Hendrik* habe ich unmittelbar erfahren, dass wir in einem tiefen und umfassenden Sinn erst dann leben, wenn wir geliebt *werden*.

Hans Joachim Schliep

Hannover, Ewigkeitssonntag 2012

Predigten

„Ich bin, der ich bin“ - Predigt zu 2. Mose 3,1-14
Ev.-luth. St. Johanneskirche Hannover-Bemerode
24. Januar 1999 - Letzter Sonntag nach Epiphanias[1]

Liebe Gemeinde!

Moses überschreitet eine Grenze. Er treibt die Schafe über die Steppe hinaus, verlässt die üblichen Weideflächen, wagt sich vom Rand des Sinai in größere Höhen - und unversehens gelangt er auf den "Berg Gottes".

Bisher hatten die Menschen von Ferne nur auf jenen Berg geblickt. Moses aber - ein Kind hebräischer Sklaven, aufgewachsen am Hof des Pharao, als Prinz von Ägypten - wagt sich auf unerschlossenes Gelände. Was gibt es Neues zu entdecken, zu erforschen? Was liegt hinter dem Gewöhnlichen? Moses - das bist du, das bin ich. Grenzen zu überschreiten, gehört zu unserem Leben dazu. Da beginnst du etwas Neues, da begegnest du Menschen, gewinnst ganz neue Erfahrungen und Einsichten. Da verletze ich Menschen aber auch, gerate an Dinge, an denen ich mir die Finger verbrenne. Dennoch, immer wieder gilt es, auch heiße Eisen anzupacken. Gerade dabei stoße ich auf Rätsel, auf Geheimnisse - auf eine Wirklichkeit, die sich entzieht und die doch anzieht. Etwas erleben, erkennen, gestalten! Von etwas gefesselt, gepackt, unbedingt in Anspruch genommen werden, weiter sehen als du bist und weiter kommen! Hinter die Kulisse des Lebens blicken!

"Der Mensch ist der letzte Kontinent, der dem Menschen unbekannt ist." - hat jemand vor vielen Jahren gesagt. Gilt das noch, seit wir uns im Bereich der Bio-Medizin und der Gentechnik auf ein Gebiet vorwagen, das bisher dem menschlichen Zugriff entzogen war: Befruchtung außerhalb des menschlichen Körpers, Untersuchungen an Ei- und Samenzellen, Diagnosen im und außerhalb des Mutterleibes, Operationen vor der Geburt? Nur ein Beispiel dafür, wie weit wir uns inzwischen vorwagen auf Gebiete, die früher unzugänglich waren, die einst als verbotene Zonen galten.

"Mensch-Natur-Technik" - dieses Motto der EXPO 2000, in deren Nähe das neue Wohngebiet am Kronsberg entsteht, verstehe ich auch als fragendes Signal: Ihr Menschen, Frauen und Männer, denen Welt und Leben zu treuen Händen geliehen sind, wie bringt ihr das weitergehende Gestalten, bei dem Grenzen überschritten werden

---

[1] Diese Predigt wurde im Rahmen des Berufungsverfahrens für die III. Pfarrstelle St. Johannis Hannover-Bemerode (Schwerpunkt: Ev. Kirchenzentrum Kronsberg) gehalten. Das Ev. Kirchenzentrum Kronsberg wurde ein Jahr später im Rahmen der EXPO 2000 für das neue Wohngebiet errichtet. Die Predigt verdankt viel der Nacherzählung dieser biblischen Passage von Nico ter Linden: Es wird erzählt..., Bd. 1, Gütersloh 1998. Sie wurde an verschiedenen Stellen unterbrochen durch den Spiritual „Let my people go“, musiziert von einem kleinen Chor und einer kleinen Band unter der Leitung von Jan Kristof Schliep.

müssen, und das hegende Erhalten, bei dem Grenzen einzuhalten sind, wieder zusammen?

Die Menschen auf dem Kronsberg, denen ich in den letzten Wochen begegnet bin, den klebrigen Kronsberg-Kalkmergel an den Schuhen und in den Kleidern, suchen ein neues Zuhause. Zugleich haben viele sich aufgemacht, teilzunehmen, mitzuwirken an einem ökologischen und sozialen Projekt.

Ja, liebe Gemeinde, wo kämen wir hin, wenn alle sagten: Wo kämen wir hin?, - und niemand ginge, um einmal nachzusehen, wohin man denn wohl käme, wenn man wirklich ginge? (nach Kurt Marti).

Moses ist gegangen. Und da steht Moses jetzt - und vor ihm ein "Engel", vor ihm: Gott. - Mir stockt der Atem. Auch wer die Geschichte nur nacherzählt, gar zu deuten wagt, betritt ja Heiliges Land! Und wie Gott hier mit Moses umgeht! Der Unvergleichliche spricht ihn an wie von gleich zu gleich: mit seinem Namen, als Person voller Würde und Wert. Ja, sie hören einander zu - wie Partner im Gespräch gehen sie wechselseitig aufeinander ein. Der Erhabene, Heilige erweist seine Erhabenheit, indem er auf den Menschen zugeht. Und je mehr Moses hört auf Gottes Stimme, um so mehr Freiheit gewinnt er.

Gott - Geheimnis der Welt, unser verborgenes, verbundenes Gegenüber, Grund und Grenze unseres Lebens - lässt Moses, einen von uns, einen wie wir, dem Heiligen sich nähern. Das Heilige ist keine verschlossene, ein für allemal verbotene Zone. Aber wer das Feuer des Heiligen unmittelbar berührt, wird verbrannt. Wer keine Grenze kennt, wird nicht frei, sondern Sklave der eigenen Grenzenlosigkeit. Wo wir über das Unverfügbare verfügen wollen, werden wir am Ende selbst zur Verfügungsmasse. Jedoch, wo wir uns der Lebensmacht Gottes anvertrauen und verantwortlich wissen, wachsen uns neue Lebensenergien zu.

Das Heilige - eine Schutzzone für das Leben selbst! Wir Lebendigen tun gut daran, dieses Heilige zu schützen, Zonen und Zeiten der Ruhe einzuhalten, das Leben zu entschleunigen statt zu beschleunigen. Damit die natürlichen Lebensgrundlagen geschont werden. Die Sphäre Gottes - unversiegbare, unverfügbare Quelle allen Lebens - zu achten und zugleich die Atmosphäre Gottes zu suchen, bildet, stärkt und schützt das Leben.

Der Dornbusch, der "Seneh" auf dem "Sinai", ist ein stacheliges Gestrüpp, das am Boden kriecht. Nicht einmal Vögel können darin Nester bauen. Der Engel Gottes nistet am liebsten im Alltäglichen, in Enge und Bedrängnis. Das Feuer von jenseits lodert im Diesseits, im Dickicht des Lebens.

Moses Schafe sehen nichts als die Sonne, die feuerrot hinter den Sträuchern untergeht. Aber Moses darf mehr sehen. Der Dornbusch seines Lebens steht in Flammen - und er wird nicht verzehrt.

So oft schon brannte mein Herz: ein Mensch, eine Begebenheit, eine Einsicht, der Wille zum Wissen und zum Gestalten, der Drang zum Helfen, ein Blick zum Sternenhimmel, ein Gedicht, der Klang von Musik... Neue Lust am Leben erwacht, alle Sinne sind wie elektrisiert. Lasse ich das alles an die Stelle Gottes rücken, verzehrt es mich. Aber es vertieft mein Leben, vernehme ich darin Gottes Stimme, die Kraft der Liebe, den Willen zum Guten.

Dornbüsche, freilich andere, wachsen auch am Kronsberg! Und es gab da einmal einen "Kreuzkamp", es gibt da einen "Johannes-" und einen "Jakobskamp", Straßen mit biblischen Namen. Es stand da eine Kirche, eine neue Kirche wird entstehen. Gottes Spuren und Lebenszeichen auf dem Kronsberg!

Und der Herr sprach: *"Ich habe das Elend meines Volkes in Ägypten gesehen/und ihr Geschrei über ihre Bedränger gehört; ich habe ihre Leiden erkannt. Und ich bin herniedergefahren, dass ich sie errette aus der Ägypter Hand und sie herausführe aus diesem Lande in ein gutes und weites Land, in ein Land, darin Milch und Honig fließt, in das Gebiet der Kanaaniter, Hetiter, Amoriter, Perisiter, Hiwiter und Jebusiter. Weil denn nun das Geschrei der Israeliten vor mich gekommen ist und ich dazu ihre Not gesehen habe, wie die Ägypter sie bedrängen, so geh nun hin, ich will dich zum Pharao senden, damit du mein Volk, die Israeliten, aus Ägypten führst."*

Moses vor dem brennenden Dornbusch wird selbst zum brennenden Dornbusch. Gott achtet seiner Niedrigkeit nicht und entflammt ihn für die Freiheit seines Volkes. Denn Gott will der Sklaverei ein Ende machen. Nun überschreitet Gott eine Grenze - die Grenze zu seinem Volk hin, zu seinen Menschen.

"Mose, Mose!" Dieser Ruf warnt Moses, nicht zu nahe heranzutreten ans Heilige. Zugleich weist er ihm den Weg, nun ganz hineinzutreten in die Mitte seines Volkes, ganz Hebräer zu sein. Bei großen Befreiern sind sie immer eins: ihr persönliches Geschick und das Geschick ihres Volkes.

Der Dornbusch ist auch das Volk Israel. Israel wird das Feuer Gottes tragen dürfen - mitten durch die Wüste, durch das eigene Murren und Knurren hindurch. Wodurch wird die Flamme genährt? Weder durch das Holz noch durch Israel noch durch Moses. Gott selbst nährt die Flamme, Israel und Moses tragen sie!

Diese Flamme, Moses, trag' sie in dein Volk, das geknechtet und gedemütigt wird. Dein Name, Moses, ist mehr als ein Rufname - er ist dein Berufungsname. "When Israel was in Egypt's land..."

Moses sprach zu Gott: *"Wer bin ich, dass ich zum Pharao gehe und führe die Israeliten aus Ägypten?"* Er sprach: *"Ich will mit dir sein. Und das soll dir das Zeichen sein, dass ich dich gesandt habe: Wenn du mein Volk aus Ägypten geführt hast, werdet ihr Gott opfern auf diesem Berge."*

Moses sprach zu Gott: *"Siehe, wenn ich zu den Israeliten komme und spreche zu ihnen: Der Gott eurer Väter hat mich zu euch gesandt! und sie mir sagen werden: Wie ist sein Name?, - was soll ich ihnen sagen?"* Gott sprach zu Moses: *"Ich werde sein, der ich sein werde." Und sprach: "So sollst du zu den Israeliten sagen: "Ich werde sein", - der hat mich zu euch gesandt."*

Ja, wer ist Moses? Wäre denn ein Mensch, der kein Held ist, der eine schwere Zunge hat, einer so gewaltigen Aufgabe gewachsen? Und wer sind wir mit dem "Go down, Moses..." auf den Lippen oder im Ohr? Tragen auch wir die Flamme Gottes? Wer sind wir als Menschen, die in Bemerode leben oder die auf den Kronsberg ziehen oder die schon lange auf ihm wohnen? Wer sind wir, die wir längst ein Zuhause haben und doch immer wieder eine Heimat suchen, die wir immer wieder zu neuen Ufern aufbrechen und doch auch zurückkommen wollen? *"Wer bin ich...?"* Auf die Frage des Moses, auf unsere Lebensfrage heute antwortet Gott, indem er sagt, wer er ist.

Was heißt "er"? Im Hebräischen bleibt offen, ob es sich um die männliche oder die weibliche Form handelt. In Gott begegnet uns stets auch eine weibliche Seite. In dem alten Lied klingt es an: "Mit Mutterhänden leitet er/die Seinen stetig hin und her...".

Gott, JHWH, ist - NAME. Der Name ist das Geheimnis. Der Name steht für das Wesen. Der Name ist Erkennungszeichen. Das Kind muss einen Namen haben. Liebenden klopft das Herz, wenn sie nur den Namen des/der Geliebten hören. Wer mich beim Namen ruft, ist für mich da. Rufe ich Menschen beim Namen, sind sie da für mich und ich bin da für sie, selbst wenn wir gar nicht an derselben Stelle sind. Ja, wie nahe sind selbst ferne Menschen, wenn ihr Name im Gebet genannt wird?! Und im Namen Jesu beten wir: Geheiligt werde dein Name... Biblischer Glaube legt Gott nicht in einem Begriff fest, sondern legt Zeugnis ab vom NAMEN.

Was bedeutet nun der Name aller Namen, JHWH, den Israel als solchen niemals ausspricht? *"...ähijä ascher ähijä: Ich bin, der ich bin. Ich werde sein, die ich sein werde. Ich bin, der ich sein werde. Ich werde sein, die ich war."* Es gibt viele Möglichkeiten, Gottes Namen zu übersetzen. Alle sagen: Gott ist Da-Sein, Wirksam-Sein, Mit-Sein, Für-Sein, Für-uns-Sein. Alle verheißen: "Mein Dasein ist da sein für euch." Darin verhüllt sich Gott - wir können Gott nicht benennen, nur bekennen. Darin enthüllt sich Gott - wir können Gott erfahren, begegnen im Werden des Lebens.

"Wer Gott begegnet," sagt Martin Buber, "empfängt eine Gegenwart, eine Gegenwart als Kraft": der Lufthauch, der überall weht, ohne dass ich ihn spüre - außer im eigenen Atem; das Feuer, das überall lodert, ohne dass ich es merke - außer im Licht und in der Wärme des Lebens; die Musik, die ewig spielt, ohne dass ich sie höre - außer in der Grundmelodie des Daseins.

"Ich bin, der ich bin. Ich werde sein, der ich sein werde." Auf dieses Wort hin, davon in Gang gesetzt lernen Gottes Ebenbilder zu sagen: "Ich bin. Ich bin, auch wenn ich niemals ganz sein werde, was ich sein kann und soll. Dennoch danke ich, dass ich bin, und dass ich neu sein werde." Wir tragen mit unserem Christennamen Gottes Namen - unverlierbar, unverwechselbar. In Jesus Christus hat Gott in unvergleichlicher Weise die Grenze zu uns Menschen hin überschritten. Durch den, der die Dornenkrone trug, bestärkt und erfüllt ICH-BIN, was er Moses, was er uns aus dem Dornbusch zuruft und wozu er uns beruft:

Du bist zur Freiheit bestimmt - zu mehr als nur dazu, in Abhängigkeiten zu funktionieren, zu mehr, als ein Produkt von Genen und Umwelteinflüssen zu sein. Du bist bestimmt zu einem eigenen Dasein, zum Selbstsein in Freiheit und Gemeinschaft. Du bist berufen zu einem verantwortlichen Leben, das neue Wege wagt.

Am Ende - was wird da mit Moses, dem Urbild der Grenzüberschreiter? An der Grenze zum gelobten Land verliert sich sein Weg. Er kann es nur sehen, von einem Berg aus - klarer vielleicht, als es in den Niederungen dieses Landes möglich gewesen wäre. Die Kinder Israels, als sie Abschied nehmen von ihm, gehen an ihm vorüber - nicht vor ihm, sondern hinter ihm. Ungehindert soll der alte Mann auf das neue Land blicken können. Als dann alle vorüber sind, überschreitet Mose die letzte Grenze. Und da ist einzig Gott. Gott selbst, heißt es, habe Moses begraben. Doch nirgendwo ist Moses Grab zu finden, auf keiner Landkarte, an keinem Ort. Wer Moses sucht, wer seinem Weg in die Freiheit folgen will, höre das lebendige Wort Gottes, das er aus der Berghöhe mit hinuntemahm: "Ich bin, der ich bin. Ich werde sein, der ich sein werde. Ich bin mit euch, wohin es euch auch treibt. Ich bin für euch da, selbst wenn ihr Grenzen überschreitet. In mir habt ihr Zukunft." Amen.

* * *

„Ein Stein im Paradies?“ - Predigt zu 1. Mose 28,18+19

Ev. Kirchenzentrum Kronsberg Hannover

12. August 2001 - 9. Sonntag nach Trinitatis

Liebe Gemeinde!

Wo Menschen dem überwältigenden Grund ihrer Existenz, wo sie dem Ganzen des Daseins begegnen, greifen sie auf elementare Mittel, Stoffe und Formen zurück. Das Einfachste wird zum Bedeutsamsten.

So war es bei Jakob. Er hatte, um Erfolg zu haben, um Karriere zu machen, seinen Bruder betrogen und seinen Vater belogen. Er hatte sich den Segen erschlichen. Nun war er auf der Flucht. In der Einsamkeit und im Dunkel der Nacht findet er nur einen Gegenstand, an dem er sich ausruhen, worauf er seinen Kopf legen kann: einen Stein. Im nächtlichen Traum erfährt er, dass an genau dieser Stelle Gott sich ihm in den Weg gestellt hat - aber nicht als Strafender, sondern als Segnender, nicht als einer, der den Weg ins unbekannte Land versperrt, sondern der ihn eröffnet. Der Flüchtende bleibt der Gesegnete.

Der Stein, auf dem sein Kopf nächtens lag, wird ihm zur Wegmarke, zum Wegzeichen für seine Begegnung mit Gott: „Ich kann vor Gott nicht fliehen. Gott ist auch dort, wo ich gottlos war. Gott ist im Unbekannten und Fremden, der Heilige im Alltäglichen, der Erhabene im Wüstenstaub." Und Jakob stellt den Stein auf. Er richtet ihn zum Himmel hin aus, weil das Traumbild der Himmelsleiter ihm gezeigt hat, wie der Himmel auf ihn hin ausgerichtet ist. Die Stätte, die nun der Stein markiert, nennt er Beth-El: „Haus Gottes", eines der ältesten Heiligtümer auf der Landbrücke zwischen Afrika und Asien.

Ein Haus - „Haus Gottes" - aus nur einem Stein? Ein Stein nur als Fingerzeig auf Gott, dem unverfügbaren Grund unserer Existenz - schutzlos ausgesetzt jedem Wind und Wetter? Ja, denn alles begann doch mit dem >Braus Gottes< über den Urfluten, den Chaosmächten, die stets aufs Neue gebannt werden müssen, damit aus ihnen Leben entsteht - und diesem >Braus Gottes<, später >Heiliger Geist< genannt, ist jeder Raum zu klein, er braucht, er schafft sich Weite und Freiheit.

Jakob stellt einen Stein auf, eine Stele, wie es Praxis war in Phasen der frühen Menschheits- und Kulturgeschichte. Geheimnisvoll und unergründlich in ihrer Bedeutung stehen sie noch heute da: Steine - Menhire und Megalithen - im bretonischen Carnac zum Beispiel oder im englischen Stonehenge. Sind es Gedenkstelen, Grabstätten oder Heiligtümer oder alles das zusammen? Wir wissen es nicht genau. Wir wissen nur: Sie sind Erinnerungsmale früher kultureller Tätigkeit des Menschen - in Höhlenstein geritzte Zeichen und Bilder, Feuerstein, Faustkeil und Steinspeer, Steintafeln und -scherben, auf denen wir erste Schriftzeichen finden; politische Dekrete, Hymnen und Oden, Rechnungen, auch die Zehn Gebote sollen ja auf Steintafeln eingeritzt worden sein.

Am Stein und aus Stein entwickelt sich die menschliche Kultur. Der Stein bietet Fläche und Widerstand, er lässt sich herausbrechen, behauen zu großen Quadern und zum Baustoff für Pyramiden, ebenso abschleifen bis zur kleinsten, zartesten Skulptur. Die Gewalt, die ihm angetan wird, nimmt ihm nichts von seiner Majestät, von seiner eigenen Macht und Wucht, mit der er alles erschlagen oder niederwalzen kann. Der Stein war Heiligtum und Zahlungsmittel (auf einer polynesischen Insel ist er noch heute das Geld). Gesteinsschichten und -formationen zeigen uns, wie die gewaltigsten Naturkräfte gewirkt haben. Der Stein - als Altar, dessen Form sich aus an der Oberseite in Jahrmillionen glattgeschliffenen Steinen entwickelte - ist Gegenstand früher religiöser Praxis: Opferstätte, Ort für Anbetung und Asyl, das Flüchtende bekamen, wenn sie die „Hörner des Altars“ berührten.

An den Steinen und an jemandem, der wie Jakob einen Stein aufstellt oder einen stillen japanischen Steingarten anlegt, erkennen wir, wie Religion die Kultur des Verhaltens zum Unverfügbaren ist, eng verwandt mit Kunst. Ihr gemeinsamer Stoff ist das unvorstellbare Glück, die unausweichliche Schuld, die schockierende Gewalt, der plötzliche Tod, das sinnlose Leid, die großen Gestaltungsmöglichkeiten des Menschen, die unüberbietbare Kraft und Ordnung des Geschaffenen. Darum bildet der Stein in unserem Innenhof die >Zone der Betrachtung<, die von der >Zone der Begegnung< her eingesehen werden kann.

Jede Kulturgeschichte, alles was mit Bebauung und Behausung zu tun hat ohnehin, muss mit den Steinen beginnen - und mit dem Wasser, das ihnen ebenbürtig ist. Der Mensch ist diejenige Natur, die Kultur schafft, schaffen muss, weil sie die Kultur zur zweiten Natur hat. An den Steinen erkennen wir deren elementarste Formen. So auch an dem Bleu de Vire, einem Granit aus der Normandie, gestaltet von Ulrich Rückriem, aufgestellt im Innenhof unseres Kirchenzentrums. Er hat ein doppeltes Gesicht - zwei Seiten, die gerade in ihrem Unterschied zusammengehören.

Die eine Seite zeigt uns den Stein so, wie er von Natur aus ist, wie er herausgebrochen wurde aus dem Steinbruch – herausgebrochen, ansonsten unbearbeitet. Diese Mixtur aus Grob- und Feinstruktur! Ich kann sie nicht beschreiben - Sie müssen sie sich ansehen. Was hat sich da alles abgelagert in Jahrmillionen, was ist da alles zusammengepresst worden?! Was gibt es da für Sprünge, Risse und Runzeln, für kantige Überhänge und fließende Übergänge?!

Auf der anderen Seite - in elementarer Formensprache - der bearbeitete Stein: angebohrt, aufgeschnitten, blankpoliert - und die vier Teile wieder zusammengesetzt, 17 Tonnen Gesamtgewicht. Mit dieser elementaren Formensprache drückt Urich Rückriem aus, dass auch in unserer hochtechnisierten, hochkomplexen Lebenswelt sich alles aus einfachsten Formen und Vollzügen heraus entwickelt hat, ja, im Kern und in Wahrheit weiterhin in einfachsten Formen und Vollzügen besteht oder darauf zurückzuführen ist. Die Welt ist im Grunde einfach (was das Leben nicht unbedingt leichter macht). Wer die Einfachheit leugnet, flüchtet sich in Illusionen und vernebelt die Wahrheit.

Und die Natur hat eine eigene Würde. Wir Menschen wirken mit unserer Technik auf das Geschaffene ein, gestalten es um und bisweilen etwas Neues - aber stets nur aus dem, was uns vorgegeben ist. Alles vom Menschen Geschaffene kommt aus dem Gegebenen. Der Mensch, der Kultur schafft, ist ein kreativer Zerstörer. Aber er kann, was er bearbeitet, nicht wirklich bezwingen. Der Stein zeigt die eigene Würde, eine letzte Unverfügbarkeit dessen, was wir in unsere Verfügung nehmen. Der Stein hat eine Stabilität gewordene Energie und Dynamik.

Wie ein Obelisk - oder ist es ein übergroßer Faustkeil? - steht der Rückriem-Stein nun in unserem „Paradies", wie Professor Hirche, unser Architekt, den Innenhof nennt. Ein Stein im „Paradies"? Wir erwarten dort Wasser, das an die vier Urströme erinnert, und Bäume, die an den Baum der Erkenntnis und den Baum des Lebens erinnern. Wasser und Bäume sind bei uns ja auch vorhanden. Wozu noch der Stein? Wenn wir die biblische Paradies-Erzählung genau lesen, merken wir bald: Der Garten Eden ist kein Schlaraffenland. Er ist einerseits ein umfriedeter Raum. Er ist andererseits der Ort des Konflikts, des Streits nämlich zwischen Adam, Eva, der Schlange (hebräisch: ‚dem Schlang') und Gott, und der Ort der Arbeit: Der Mensch erhält den Auftrag, den Garten, d. h. die Erde, *„zu bebauen und zu bewahren"* (1. Mose 2,15). In diesem Begriffspaar ist die ganze Spannung, die Dialektik, der Widerspruch in der menschlichen Kulturtätigkeit, die dann jenseits von Eden im Diesseits unserer Erde aufbricht, bereits angedeutet: Wer bebaut, gestaltet um. Wer umgestaltet, verändert und zerstört. Er soll aber „bewahren".

Hier haben wir sie wieder, die beiden Seiten, die auch der Stein von Ulrich Rückriem zeigt: Das Naturbelassene - mit all der Schroffheit des Naturgegebenen - und das, was menschliches Wirken verändert hat - mit all den Verletzungen, die der Natur zugefügt wurden und werden. Der Auftrag bleibt, die Herausforderung ist zur zentralen Zukunftsaufgabe geworden: zwischen dem Bebauen und dem Bewahren, zwischen der hegenden Erhaltung und der weitergehenden Gestaltung einen Ausgleich zu finden. Der Kronsberg ist dafür ein Versuchsfeld, ein möglicher Ansatz. Darum gehört dieser Stein in dieses Umfeld. Klar ist: Die Kultur wird es dauerhaft nur dann geben, wenn wir die Regeln und Rhythmen der Natur gewissenhafter und sorgsamer beachten. Wenn wir zu guten Haushaltern werden.

Die Jakob-Geschichte macht uns dazu Mut. Ich sehe in dieser archaischen Figur immer wieder den modernen Menschen: Er ist hochgekommen, aber noch nicht davongekommen. Seine Gewitztheit und Gerissenheit, seine kalte Vernünftigkeit, die

Besessenheit und Gier, mit der er - wie wir begrenzte Ressourcen - die Ressource des väterlichen Segens bedenken- und rücksichtslos ausschöpft, macht ihn zum Erben seines Vaters - und zugleich zu einem Flüchtigen, der später - bei seinem Onkel Laban - zum betrogenen Betrüger wird. Er bekommt die schmerzlichen Folgen seines Handelns zu spüren - doch Gott lässt ihm das Erbe und verlässt ihn nicht. Der Flüchtige bleibt der Gesegnete - und das heißt: Wo Menschen sich Lebenschancen verbauen, eröffnet Gott neue Lebensperspektiven. Auch wo wir mit schwersten Folgelasten zu tun haben, gibt es Wege aus der Gefahr. Denn Gott, das Sein selbst, die niemals versiegende Lebensmacht, begegnet auch im fremden Land, in der Wüste, an den Orten meiner Gottlosigkeit. *"Fürwahr, der Herr ist an dieser Stätte, und ich wusste es nicht."* (1. Mose 28,16) So Jakob - und wir vertrauen mit ihm den neuen Wegen, die Gott uns weist.

Auf neuen Wegen wird die Landschaft neu vermessen, werden die Verhältnisse neu bestimmt und die Beziehungen gewahrt, auch die von Schöpfer, Schöpfung und Geschöpf. Darum bilden hier im Kirchenzentrum Altar, Quelle und Stein ein gleichschenkliges Dreieck, eine ausgeglichene Spannung, die dem Leben dient, wie sie auch mit der Trinität gemeint ist: eine Beziehung zwischen allen Lebenskräften; ein Dreieck bilden auch Altar, Stein und Baum auf der anderen Seite (im Eingangsbereich). Und auch hier, im ganzen Kirchenzentrum, eine absichtsvoll einfache künstlerische Formensprache.

Nichts ist heilig, wenn es nicht geheiligt wird von Gottes Gegenwart in Wort und Sakrament - vom Kreuz Jesu her. Es ist klar, wo wir anbeten. Ebenso klar ist: Der Heilige Geist begegnet auch jenseits aller Tore und Mauern - wir können auch an einem Stein, wie er da bei uns im Freien steht, etwas erahnen von der Unverfügbarkeit, der Erhabenheit, von der Heiligkeit des Lebens, die Gott verleiht. Amen.

* * *

„Das Abenteuer des Menschseins“ - Predigt zu Lukas 2,7
Ev. Kirchenzentrum Kronsberg Hannover
24. Dezember 2001 - Heiligabend

Liebe Gemeinde am Heiligabend 2001!

Weihnachten feiern wir das Abenteuer des Menschseins. Die Frauen und Männer Jahrhunderte vor uns haben die Heilige Nacht mit dem Tag des Menschen verbunden. Der 24. Dezember ist der Tag "Adams und Evas". Diese Namen stehen gleichermaßen für das ganze Menschsein. "Adam" heißt schlicht "Mensch", eigentlich "Erdling". Ein Mensch: ein von der Erde genommenes, ein irdisches Wesen. "Eva" heißt:

die Mutter der Lebendigen, hebräisch: „chawwa". Ein Mensch: Leben empfangen und Leben weitergeben. Erst wenn beide Namen genannt werden, hat das ganze Menschsein in Wahrheit einen Namen. Menschsein gibt es nur im Doppel. Damit fängt das Abenteuer schon an.

Weihnachten feiern wir das Abenteuer des Menschseins. Lukas drückt es in seiner Weihnachtsgeschichte auf die denkbar einfachste Weise aus: *Und Maria gebar ihren ersten Sohn und wickelte ihn in Windeln und legte ihn in eine Krippe.* So elementar beginnt das Menschsein: Wir wurden geboren, wir wurden freundlich angeblickt und zärtlich berührt, vor Kälte und Schmutz geschützt. So bekamen wir unseren eigenen kleinen Platz in dieser großen weiten Welt. Waren wir für die Welt auch noch niemand - für jemanden waren wir die Welt. Doch wenn dem Leben, das ungeschützt auf die Welt kommt, der Schutz verweigert wird? Dann bekommt die Welt einen tiefen Riss, auch wenn er unbemerkt bleibt.

So selbstverständlich, so elementar: *Und sie gebar ihren ersten Sohn und wickelte ihn in Windeln und legte ihn in eine Krippe.* Lockt uns dieses Elementare, diese ursprünglichste Erinnerung an die eigenen Anfänge am Heiligabend zum Kind in der Krippe? Weihnachten war als Kind so schön - natürlich wegen der Geschenke, der Lichter, der Lieder, natürlich wegen der familiären Nähe, auch wenn diese Lust zugleich Last sein kann. Vor allem war Weihnachten als Kind so schön, weil sich im Kind in der Krippe unser eigenes Kindsein, unser eigener erster Anfang noch einmal spiegelt: wir waren zum Wachsen fähig, verlangten nach Nahrung und wurden satt, waren behütet und sind selbstständig geworden, suchten einen Platz im Herzen derer, denen wir anvertraut waren, und fanden ihn; sie haben, was auch dazwischen gekommen sein mag, nun einen Platz in unserem Herzen. Unter diese Erinnerungen mischt sich bisweilen auch Trauer - Trauer um nicht gelebtes und misslungenes Leben.

Weihnachten feiern wir das Abenteuer des Menschseins. Wahrhaftig, es ist ein Abenteuer, Mensch zu sein: einen Weg zu finden zwischen Glück und Unglück, zwischen Vertrauen und Verzweiflung, zwischen Liebe und Hass, zwischen Zärtlichkeit und Gewalt, zwischen wunderbaren Ideen und perversen Phantasien, zwischen selbstloser Humanität und organisierter Inhumanität, zwischen Hilfsbereitschaft und Terror; und alles in allem: ausgespannt zwischen Geburt und Tod.

Und sie gebar ihren ersten Sohn und wickelte ihn in Windeln und legte ihn in eine Krippe; denn sie hatten sonst keinen Raum in der Herberge. Die Krippe, ein Futtertrog fürs Vieh, und kein Raum in der Herberge! Das schon steht für die Gefährdungen des Menschseins: für eine schwierige Welt. Machen wir es der Welt um uns herum leichter? Wie schwer haben wir es oft mit uns selbst! Das Abenteuer Menschsein ist ein wechselvolles, riskantes Spiel - ebenso lohnend wie verlustreich, tiefe Zufriedenheit und abgrundtiefe Zerrissenheit zugleich, Freude und Furcht ineins. Gibt es ein riskanteres Abenteuer als das Menschsein?

Auf dieses riskante Abenteuer lässt Gott sich ein. Ja, im Menschen riskiert Gott sich selbst. Von Anfang an ist den Menschen eine Freiheit anvertraut, die ihnen Raum gibt für große Leistungen, die sie aber auch als Frevel missbrauchen können - wie Kain an seinem Bruder Abel oder wie vorher schon Adam und Eva an Gott. Dieses Risiko geht Gott ein, damit der Mensch keine Marionette ist, sondern ein Partner - *nur wenig niedriger denn Gott*, wie es in Psalm 8 heißt. Gott legt Wert auf ein selbstständiges Menschsein - bis hin zum "Nein" gegen sich selbst. Dieses Mensch-Sein, das auch zum Widerspruch fähig ist, ja, das sich in sein eigenes Gegenteil verkehren kann, ist es Gott wert, selbst Mensch zu werden.

Und sie gebar ihren ersten Sohn und wickelte ihn in Windeln und legte ihn in eine Krippe; denn sie hatten sonst keinen Raum in der Herberge. Es ist Gott, sagt der christliche Glaube, der da in diesem Kind zur Welt kommt, sich dem Menschsein aussetzt ohne Vorbehalte, in aller Lebensgewissheit und aller Verlorenheit. Das ganze Leben des Jesus von Nazareth ist Gottes riskiertes Menschsein - von der Krippe bis zum Kreuz. Jesus Christus: der Mensch für Gott und Gott für uns Menschen.

In dieser Zeit treffen wieder religiöse Vorstellungen aufeinander: Was ist das Charakteristische, das Unverwechselbare am christlichen Glauben? Ein besonders charakteristischer Zug ist, dass auch wir um die Hoheit, Erhabenheit und Unverfügbarkeit Gottes wissen, die uns oft hart angeht und in die Quere kommt, dass Gott im christlichen Sinn aber kein unnahbarer Despot im Himmel ist, sondern uns im Kind in der Krippe nahe kommt, die schwierigen Wege mit uns geht und das Abenteuer Menschsein ganz tief drin in den Differenzen und Dissonanzen mit uns durchsteht. So scheint Gott in unser Leben.

Wir müssen das Menschsein nicht erfinden, sondern können es finden - wie es von Gott gemeint ist und wie es uns gut tut. Die Geburt Jesu durch Maria ist mit dem Tag "Adams und Evas" verbunden, damit wir in Jesus Christus den neuen Adam und in Maria die neue Eva erkennen. Adam: der Mensch in seinen Fesseln - Jesus Christus: der zum wahren Menschsein befreite Mensch. Trotz seines bedrückenden Anfangs, zu dem auch die Flucht vor den Todesschwadronen des Herodes gehört, hat er daran festgehalten, dass das, was ich vor Augen sehe, was ich anfassen kann und was mir nützlich ist, noch keineswegs alles ist; wie bei den Geschenken: an ihnen ist das Wichtigste, was an Liebe hinter ihnen steht. Er hat daran festgehalten, dass der Wert eines Menschen über sein Werk hinausgeht und jedem Menschen Würde und Achtung zukommen. Sein Weg von der Krippe zum Kreuz ist ein einziges Zeichen für befreites Menschsein, zu dem diese drei Lebenswahrheiten gehören:

• Du brauchst nicht so überanstrengt um Dein eigenes Ich zu kämpfen. In Jesus Christus hat Gott die Anstrengung, ein Mensch zu sein, auf sich genommen. Am Ende zählt, was Du Dir von ihm geben lässt. Lass also Gott in Dein Leben scheinen, damit Du im rechten Licht erscheinst. In diesem Licht musst Du Dir nicht in allem und zu jeder Zeit einleuchten.

• Du musst nicht erst gut sein, um geliebt zu werden. Du bist gut, weil Du schon geliebt bist. Auch wenn Dir etwas schief geht, hast Du am Leben Gottes teil. Das sagen zum Beispiel Taufe und Abendmahl. Hört deshalb auf, Euch für alle Mängel gegenseitig zu beschuldigen und haftbar zu machen.

Und die dritte Wahrheit:

• Zum Frieden gibt es keine wirkliche Alternative. Allein der Frieden ist der Ernstfall. Gewalt kann zwar Gewalt eindämmen, und wir wissen uns oft nicht anders zu helfen wie jetzt nach dem 11. September 2001. Die schrecklichen Bilder vom Einstürzen der Twin Towers in New York und den herabstürzenden Menschen werden uns noch lange Zeit verfolgen. Es bleibt aber wahr: Keine Gewalt ist imstande, Gewalt zu überwinden. Gewalt kann sie höchstens - im alleräußersten Notfall - für eine gewisse Zeit eindämmen. Soll der Einsatz in Afghanistan gelingen, muss das Humanitäre dazu kommen, z. B. Entwicklungshilfe als „Hilfe zur Selbsthilfe". Die Menschen dort dürfen nicht das Gefühl haben, sie seien Verlierer. Denn wir wissen, dass Verlierer keinen Frieden geben...können. Nur die Teilhabe aller an der Lebensgabe und den Lebensgaben kann Menschlichkeit, ja, das Menschsein garantieren. Darum ist es so wichtig, sich klar zu machen: Wir leben als eine Menschheit in einer Welt!

Ab dem 1. Januar 2002 haben wir in Teilen Europas, wo vor kaum 60 Jahren noch ein schrecklicher Krieg herrschte, den "Euro". Das Gemeinsame muss noch auf andere Weise wachsen. Aber die gleiche Währung ist ein weiterer Schritt auch zum Frieden, weil sie die Nationen fest aneinander bindet. Jesus sagt in der Bergpredigt: *Selig* - mit anderen Worten: Am Ziel des Lebens - *sind, die Frieden stiften; denn sie werden Gottes Kinder heißen.* (Matthäus 5,9) Jenseits vom Frieden gibt es keine Gerechtigkeit - und jenseits von der Gerechtigkeit keinen Frieden. Ohne beide zusammen keine lebenswerte Zukunft.

Jesus spielt das Lied weiter, das die Engel bei seiner Geburt intoniert haben: *Ehre sei Gott in der Höhe und Friede auf Erden!* Wie oft haben wir das schon gehört?! Können wir es noch hören?! Was aber wäre Menschsein ohne die Vision vom Frieden?! Jetzt, da wir wieder in Kriegshandlungen verwickelt sind, ist der Ruf zum Frieden umso wichtiger. Wir wissen uns, wie schon gesagt, wieder einmal nur mit Waffen zu wehren. Also muss es schon eine Stimme, eine Kraft von außen sein, die in uns diese Vision erneuert: die Engel - und angesichts des ungeheuren Ausmaßes an Friedlosigkeit gleich die himmlischen Heerscharen. Sie rufen uns zurück zu dem, was allein ein lohnendes Lebensziel ist.

An Jesus entscheidet sich, was Menschsein wirklich bedeutet und sein kann. Das Kind in der Krippe fragt uns, in welcher Weise, mit welcher Richtung wir am Abenteuer Menschsein teilhaben wollen. Gott selbst ist auf der Höhe seines Friedens und seiner Liebe, indem er sich in die Tiefe der Krippe begibt. Durch das Kind, dessen Geburt wir heute feiern, bittet und lockt Gott uns, wirklich etwas zu riskieren, wirklich etwas einzusetzen. Und zu suchen, was in der „Hirtenstrophe" von Peter Huchel[1] die Hirten suchen - mit ihnen zu beten und zu hoffen und zu geben, was wir dazu geben können, damit sich diese Hoffnung erfüllt:

Wir gingen nachts gen Bethlehem / und suchten über Feld / den schiefen Stall aus Stroh und Lehm, / von Hunden fern umbellt.

Und drängten auf die morsche Schwell / und sahen an das Kind. / Der Schnee trieb durch die Luke hell / und draußen Eis und Wind.

Ein Ochs nur blies die Krippe warm, / der nah der Mutter stand. / Wie war ihr Kleid, ihr Kopftuch arm, / wie mager ihre Hand.

Ein Esel hielt sein Maul ins Heu, / fraß Dorn und Distel sacht. / Er rupfte weich die Krippenstreu, / o bitterkalte Nacht.

Wir hatten nichts als unsern Stock, / kein Schaf, kein eigen Land, / geflickt und fasrig war der Rock, / nachts keine warme Wand.

Wir standen scheu und stummen Munds: / Die Hirten, Kind, sind hier. / Und beteten und wünschten uns / Gerät und Pflug und Stier.

Und standen lang und schluckten Zorn, / weil uns das Kind nicht sah. / Griff nicht das Kind dem Ochs ans Horn / und lag dem Esel nah?

Es brannte ab der Span aus Kien. / Das Kind schrie und schlief ein. / Wir rührten uns, feldein zu ziehn. / Wie waren wir allein!

Dass diese Welt nun besser wird, / so sprach der Mann der Frau, / für Zimmermann und Knecht und Hirt, / das wisse er genau.

Ungläubig hörten wir's - doch gern. / Viel Jammer trug die Welt. / Es schneite stark. / Und ohne Stern / ging es durch Busch und Feld.

Gras, Vogel, Lamm und Netz und Hecht, / Gott gab es uns zu Lehn. / Die Erde aufgeteilt gerecht, / wir hätten's gern gesehn. **Amen.**

* * *

[1] Peter Huchel: Die Gedichte, stb 2665, Frankfurt/M. 1997, S. 66+67

„Ich bin auf dem Gipfel des Berges gewesen“ - Predigt zu Matthäus 17,1-9
Ev. Kirchenzentrum Kronsberg Hannover
20. Januar 2002 - Letzter Sonntag nach Epiphanias

> „Nun, ich weiß nicht, was jetzt geschehen wird. Schwierige Tage liegen vor uns. Aber das macht mir jetzt wirklich nichts aus. Denn ich bin auf dem Gipfel des Berges gewesen. Ich mache mir keine Sorgen. Wie jeder andere würde ich gern lange leben. Langlebigkeit hat ihren Wert. Aber darum bin ich jetzt nicht besorgt. Ich möchte nur Gottes Willen tun. Er hat mir erlaubt, auf den Berg zu steigen. ... Und deshalb bin ich glücklich heute Abend. Ich mache mir keine Sorgen wegen irgend etwas. Ich fürchte niemanden. Meine Augen haben die Herrlichkeit des kommenden Herrn gesehen.“[1]

Liebe Gemeinde!

Mit diesen mich überaus bewegenden, eindringlichen Worten schloss Martin Luther King, Streiter für die Bürgerrechte der schwarzen Amerikaner und Friedensnobelpreisträger, seine letzte Rede. Wir beschäftigen uns gerade im Konfirmandenunterricht mit seinem Wirken, seinem Kampf um die Würde aller Menschen. Am Tag nach dieser Rede, am 4. April 1968, erlag Martin Luther King einem Attentat. Erst durch seine Worte, die sich im Rückblick als Abschiedsworte zeigen, ist mir die Erzählung von der „Verklärung Jesu“ bedeutsam geworden. Wir haben sie vorhin als Evangelium gehört. Da ich - abweichend von der Ordnung der Predigttexte - für heute das Evangelium zur Grundlage der Predigt machen möchte, lese ich Matthäus 17 Verse 1 bis 9 noch einmal vor:

*1Nach sechs Tagen nahm Jesus mit sich Petrus und Jakobus und Johannes, dessen Bruder,
und führte sie allein auf einen hohen Berg. 2Und er wurde verklärt vor ihnen, und sein Angesicht leuchtete wie die Sonne, und seine Kleider wurden weiß wie das Licht. 3Und siehe, da
erschienen ihnen Moses und Elia, die redeten mit ihm. 4Petrus aber fing an und sprach zu Jesus: „Herr, hier ist gut sein! Willst du, so will ich hier drei Hütten bauen, dir eine, Moses eine
und Elia eine.“ 5Als er noch so redete, siehe, da überschattete sie eine lichte Wolke. Und siehe,
eine Stimme aus der Wolke sprach: „Dies ist mein lieber Sohn, an dem ich Wohlgefallen habe;
den sollt ihr hören!“ 6Als das die Jünger hörten, fielen sie auf ihr Angesicht und erschraken
sehr. 7Jesus aber trat zu ihnen, rührte sie an und sprach: „Steht auf und fürchtet euch nicht!“
8Als sie aber ihre Augen aufhoben, sahen sie niemand als Jesus allein. 9Und als sie vom Berge
hinabgingen, gebot ihnen Jesus und sprach: „Ihr sollt von dieser Erscheinung niemandem sagen, bis der Menschensohn von den Toten auferstanden ist.“*

Diese Erzählung, liebe Gemeinde, lässt mich das Geheimnis des Glaubens erahnen. Ein Geheimnis ist mehr als ein Rätsel. Rätsel muss man lösen. Geheimnisse soll man

[1] Martin Luther King: Testament der Hoffnung. Letzte Reden, Ausätze und Predigten, eingeleitet und übersetzt von Heinrich W. Grosse, GTB 79, Gütersloh 1974, S. 117

stehen lassen. Denn darin besteht ihr Sinn: ein Geheimnis zu sein, eine Bedeutung jenseits rationaler Deutung zu repräsentieren. Der Schleier vor diesem Geheimnis schützt es vor Zudringlichkeiten, die alles beschädigen, zerstören können, und schützt die Zudringlichen vor dem Feuer, das in jedem Geheimnis lodert. So kann und will ich den Schleier nur betrachten und die Umrisse des Geheimnisses beschreiben, die ich erkenne. Vier Blicke wage ich.

Ein erster Blick. Jesus führt seine drei engsten Vertrauten *allein auf einen hohen Berg*. Der Berg in den Evangelien: ein Ort der Einsamkeit, des Rückzugs, der Besinnung und vor allem des Gebets. Betende Menschen sind „tabu“. Wir finden es unanständig, betende Menschen zu fotografieren. Wir stören sie nicht. Wir lassen sie beten. Im Gebet und mit dem betenden Menschen ereignet sich das Geheimnis der Gottesbeziehung und ineins damit das Geheimnis innerster Personenbeziehung. Um sie an solcher Beziehung teilhaben zu lassen, nimmt Jesus die drei Jünger - wir lesen: *mit sich*, ich lese in der alten Lutherbibel - *zu sich*. So nimmt er sie hinein in das Geheimnis seiner eigenen Person.

Berg und Gebet sind keine ereignislosen ‚Räume’. Auf dem *Berg* und im Gebet geschieht Entscheidendes. Vor wichtigen Aufgaben und schweren Entscheidungen ziehen auch wir uns zurück, innerlich und äußerlich oder beides zugleich, „um über den Berg zu kommen“. Alles bewegt sich auf eine Spitze, einen Gipfel zu.

Als Moses auf dem *Berg* Sinai die Zehn Gebote empfing, als Elia in einer *Berg*höhle nach Sturm, Erdbeben und Feuer die Stimme Gottes wie ein *stilles, sanftes Sausen* vernahm, waren sie *allein*. Jesus hingegen hat hier drei Jünger bei sich. In ihnen hat die ganze Gemeinde teil am „Geheimnis seiner Person“. Keine/r von uns ist unerleuchtet. Wir alle sind eingeladen, im Glanz Gottes *Licht der Welt* zu sein.

Bitte erinnern Sie sich nun, liebe Gemeinde, um auf den zweiten Blick vorbereitet zu sein, an Menschen, die in bestimmten Augenblicken etwas ausstrahlten, was bisher an ihnen verborgen war: eine Ruhe, eine Klarheit, eine innere Kraft, eine Gewissheit - als seien sie verklärt. Ebenso an Menschen mit einer besonderen Aura: Kaum haben sie den Raum betreten, füllen sie ihn aus. Kaum haben sie zu sprechen begonnen, hört man ihnen zu.

Man soll solche Menschen nicht anhimmeln. Aber offenbar gibt es Beziehungen und Begegnungen, deren Grund und Art sich nicht erklären lässt, die einfach da sind. Freundschaft, Liebe - weisen auf Lichtquellen jenseits aller Vernunft. Auch intuitive Erkenntnis. Und Glaube. Darin ist Glaube etwas Außergewöhnliches, ja, hat er etwas vom Außersichsein, etwas Ekstatisches. Hildegard von Bingen, die in der Ausstellung ›Frauen gestalten Frauengestalten‹ bei uns neben dem Altar sitzt, hatte es. Wenn sie nicht von dem erzählte, was sie geschaut und gehört hatte, wurde sie krank.

Zum Glauben können sinnliche Wahrnehmungen gehören, die das normale Wach- und Tagesbewusstsein übersteigen. Sie deuten sich schon in einer gesteigerten Wachheit und Aufmerksamkeit an, die uns bei bestimmten Anlässen und Ereignissen ergreift. Auf einem sonnendurchfluteten Berggipfel stehen! Beim Blick übers Meer sehen, wie am Horizont Himmel und Erde verschmelzen!

Die drei Vertrauten Jesu *sehen* Jesus, wie sie ihn kennen - und doch in einem anderen Licht. Dieser Mensch aus Fleisch und Blut und in schlichtem Gewand erscheint ihnen als wahre Lichtgestalt. Zu diesem „Gesicht" kommt ein „Gehör". Eine Stimme bekennt sich zu Jesus als dem Christus. Da stellt sich jemand auf Jesu Seite und stellt Jesus an seine Seite. Und autorisiert ihn: *den sollt ihr hören.*

In ihm erscheint keine neue Gottheit. Aber die ursprüngliche Gotteserkenntnis, wie sie im Lebensangebot der Gebote, für die Moses, und in den Lebensworten der Propheten, für die Elia stehen und erscheinen, verdichtet, vollendet sich in Jesus Christus: *das Reich und die Kraft und die Herrlichkeit.*

Denn dein ist das Reich und die Kraft und die Herrlichkeit - diesen Lobpreis sprechen am Schluss eines jeden „Vaterunser". Sie - *Reich, Kraft, Herrlichkeit* - bezeichnen die Lichtquellen, die sich vor Petrus, Jakobus und Johannes auftun. Ihre Dynamik und Energie hat sie herangeführt an das „Geheimnis der Person Jesu" und hineingenommen in eine Welt, in der die Verlachten und Verachteten, die Verlorenen und Verfolgten, die Verbogenen und Verkrüppelten *selig* gepriesen werden, also Kinder Gottes heißen, also Anerkennung und Recht genießen, also leben sollen. Menschen, denen die Rolle „außen vor" zugewiesen war, werden in der Nähe Jesu „außer sich" gebracht. Deshalb sind die Jünger über ihre neue Sicht und ihr neues Sein begeistert und erschrocken zugleich.

Glaube ist heiliges Erschrecken. Da gerät man schon aus der Fassung. Zuerst will Petrus auf ewig bleiben, dann *fallen* alle Drei bestürzt *auf ihr Angesicht.* Wie schon Moses - selbst er - können auch sie das Licht vom Antlitz Gottes nicht fassen und geraten in Furcht und Zittern, weil die Stimme Gottes **sie** meint, gerade sie.

Ein dritter Blick. *Steht auf und fürchtet euch nicht!* Das ist für mich das Umwerfendste: Petrus, Jakobus und Johannes sollen aufstehen. Jesus holt sie aus der Demutsgebärde, aus Furcht und Zittern heraus - wie er ihnen vorher nach ihren Höhenflügen wieder Bodenhaftung gab. Er lässt sie weder klein noch macht er sie größer als sie sind. Er gibt ihnen ihr menschliches Maß.

›Verklärung‹ ist ja auch das falsche Wort. Matthäus erzählt von einer ›Verwandlung‹, einer ›Metamorphose‹, wie es tatsächlich im Griechischen heißt. In der ›Metamorphose‹ bleibt das Wesen, aber die Gestalt ändert sich. Aber so, dass das Wesen seine ihm angemessene Gestalt findet. Jesus wird ganz Licht. Er vertritt Gott selbst. Er ist der Christus. Und zugleich steht er, als die drei aufblicken und sich wieder zu ihrer menschlichen Gestalt erheben, als Mensch vor ihnen. *Als sie aber ihre Augen aufhoben, sahen sie niemand als Jesus allein.* So beginnt auch bei Petrus, Jakobus und Johannes, nachdem sie den Glanz Gottes in der Gestalt dieses Menschen, der jetzt aus Fleisch und Blut, mit Haut und Haaren vor ihnen steht, gesehen haben, eine Verwandlung.

Und nun der vierte Blick. Sie steigen den Berg wieder hinunter. Denn dieser Mensch, der da jetzt vor ihnen steht, macht Petrus, Jakobus und Johannes klar, dass das Erleben der Höhe gekoppelt ist an das Erleben der Tiefe. Petrus wollte *Hütten bauen*, dem Flüchtigen Dauer schaffen: „Hier auf dem Berg, hier im Licht Gottes könnte unser Lebensweg doch enden! Hier, wo sich die Fragmente unseres Lebens zu einem Bild zusammenfügen! Jetzt, im Höhenflug des Glaubens!“ Doch ausgerechnet die Stimme aus der Höhe verweist - als Stimme Jesu - die Jünger in die Tiefe, an den Platz, an den Menschen erst einmal hingehören. An diejenigen Plätze, an denen Jesus um Gottes und der Menschen willen sein will: die Marktplätze, wo man die Gebrechlichen und Gedemütigten zu Jesus bringen wird, und sie werden Gethsemane heißen und Golgatha.

Das letzte Bild des großen Malers Raffael heißt "Transfiguration" (trasfigurazione, Verwandlung). Darin fasst er in einem Gemälde zusammen, was zusammengehört und was in Matthäus 17 unmittelbar aufeinander folgt: Die himmlische Schau des ins Licht hineinverwandelten Christus und der irdische Blick auf einen Jungen, der wie von einem Dämon immer wieder zu Boden gerissen wird. Wie den zu Boden gefallenen Jüngern hilft Jesus dem zu Boden gerissenen Jungen wieder auf die Beine.

Keine Frage, der Glaube ist ein Höhenflug. Aber die Ekstase ist kein Aufenthaltsort zum Bleiben, auf Dauer! Jesus hat die drei Jünger Bilder der Vollendung sehen lassen, um sie ihres Glaubens gewisser zu machen. Aber die Bilder der Vollendung kann man nicht festhalten, weil sonst das Leben in ihnen erstarrt. Und die Gewissheit des Glaubens kann sich nur im Tal des menschlichen Lebens bewähren. Da wollte Petrus Jesus nicht hinunterlassen, als er sich, wie Matthäus im Kapitel vorher erzählt, so vehement gegen Jesu Weg in die Passion, ins Leiden wehrt. Doch auch Petrus soll in wahres Menschsein hinein verwandelt werden: den Glanz Gottes im Antlitz eines jeden Menschen zu erblicken.

Nur erzählen sollen die Jünger davon erst, nachdem der ganz und gar am Boden zerstörte Jesus, der Gekreuzigte, selbst wieder erstanden ist. Jetzt gilt es wahrzunehmen, was für uns Menschen normalerweise ein Widerspruch in sich ist: Höhe und Tiefe, Leiden und Glanz, Licht und Finsternis, Vergänglichkeit und Herrlichkeit, Passion und Aktion.

Ohne Abstieg bleiben Gipfelerfahrungen wertlos. Ohne Gipfelerfahrungen wird jeder Abstieg zum Trauermarsch. Höhe und Tiefe, Passion und Aktion gehören zusammen. Davon hat Martin Luther King etwas erkannt. Im Glanz Gottes, der die Gestalt Jesu zum Leuchten brachte, nahm er den Glanz wahr, der von Christus her auf jeden Menschen fällt. Er kämpfte in der Kraft des Glaubens und mit der Macht der Gewaltlosen dafür, dass kein Mensch mehr seiner Rechte beraubt wird .

„*Nun, ich weiß nicht, was jetzt geschehen wird. Schwierige Tage liegen vor uns. Aber das macht mir jetzt wirklich nichts aus. Denn ich bin auf dem Gipfel des Berges gewesen. Ich mache mir keine Sorgen. Wie jeder andere würde ich gern lange leben. Langlebigkeit hat ihren Wert. Aber darum bin ich jetzt nicht besorgt. Ich möchte nur Gottes Willen tun. Er hat mir erlaubt, auf den Berg zu steigen. ... Und deshalb bin ich glücklich heute Abend. Ich mache mir keine Sorgen wegen irgendetwas. Ich fürchte niemanden. Meine Augen haben die Herrlichkeit des kommenden Herrn gesehen.*“ Amen.

* * *

„Arnes Nachlass“ - Predigt zu Psalm 8,5
Ev. Kirchenzentrum Kronsberg Hannover
20. November 2002 - Ewigkeitssonntag[1]

Liebe Gemeinde!

„Was nachbleibt, räumt man nicht mit dem Besen weg.“ - sagt Hans’ Vater. Er sieht, wie schwer es Hans fällt, Arnes Nachlass zu sichten und zu verstauen. Jedes Stück nämlich, das ein Mensch hinterlässt, erzählt ein Erlebnis, ein Ereignis, das ein Mosaikstein in einem Lebensbild ist. Auch wenn dieses Leben so früh abbricht, so unvollendet bleibt wie Arnes Leben.

Hans hat den Auftrag, den Nachlass seines jüngeren Freundes Arne zu sichten und einzupacken. Arne hatte seine Familie bei einem Schiffsunglück verloren. Die Eltern von Hans haben ihn bei sich aufgenommen. Zwei Jahre wohnt Arne mit in Hans‘ Zimmer. Ein empfindsamer, wahrheitsliebender, aber auch unbeholfener und für Schuldgefühle anfälliger Junge, den wegen der ungeklärten Umstände beim Tod seiner Familie und seiner Rettung etwas Rätselhaftes, Geheimnisvolles umgibt. Außer Hans und dessen Eltern lehnen ihn alle ab.

Eines Tages rudert Arne mit einem kleinen Boot auf die große Elbe hinaus - und kehrt nicht wieder zurück. Die einzige Spur, die er hinterlässt, sind die - zum Teil merkwürdigen - Gegenstände, die er gesammelt hat. Und die Erinnerungen, die diese in Hans wecken. Sein Vater sieht, wie schwer es ihm fällt, Arnes Nachlass zu sortieren, und sagt: „Was nachbleibt, räumt man nicht mit dem Besen weg."

Wie lange hat es gedauert, bis ich weglegen konnte, was zu meinem Vater gehörte!? Jahre nach seinem Tod stehen mir Ereignisse, Erlebnisse mit ihm deutlicher und in ihrer Bedeutung klarer vor Augen als zu seinen Lebzeiten. Und was uns mit einem verstorbenen Menschen besonders verbindet, heben wir auf bis zu unserem eigenen Lebensende. Mit Erinnerungsstücken schaffen wir einen Zwischenraum zwischen Abwesenheit und Anwesenheit, Gewesenem und Bleibendem.

Aus solchen kleinen Geschichten kleiner Leute besteht die Weltgeschichte wirklich. Geschichte ist Erinnerung, Gedächtnis, Gedenken. Das zeigt mir Siegfried Lenz einmal mehr auch in diesem Roman.

Geschichte ist Erinnerung, Gedächtnis, Gedenken. Doch kein „Nachbleibendes" erzählt die Geschichte, in die es hineingehört, von selbst. Erzählen, sich erinnern, gedenken - das können nur lebendige Menschen: Wenn sich ihre Lebenswege berühren, kreuzen! Bei Hans und Arne geschieht das ganz ungeplant: eine kurze Ankündigung der Eltern, wenig später taucht Arne im Winternebel auf. Ist das Zufällige, das uns ohne eigenes Zutun zu-fällt - das „Kontingente", das in uns Freude und Furcht, Annahme und Ablehnung auslöst - der fruchtbarste Boden für Freundschaft, ja, für Liebe?

Zwischen dem Älteren und dem viel Jüngeren entwickelt sich eine Freundschaft - ganz behutsam, in gebührender Nähe wie gebührendem Abstand. Nur ein Freund kann anhand des „Nachbleibenden", dem dazugehörigen Ereignis nach-denken. Darin wird ein fremdes Leben noch einmal zu dem, was ihn unbedingt angeht und zu dem er sich verhalten muss. Ein Freund lässt dem Freund sein Geheimnis, hört zu, nimmt teil, zwingt aber nicht, sich zu offenbaren. Arnes Empfindsamkeit entspricht Hans' teilnahmsvolle Unaufdringlichkeit. Dessen Geschwister dagegen würden Arne gerne sein Geheimnis entreißen.

Die Geschwister Wiebke und Lars und ihr Freundeskreis nehmen nur wahr, wie anders Arne ist. So bleibt er ihnen fremd, und sie lassen ihn außen vor oder nur dann mitmachen, wenn er ihnen nützlich erscheint. Warum können sie nicht in Ruhe sich auswachsen, ausreifen lassen, was in der innersten Kammer von Arnes Herzen nach Klarheit und Wahrheit verlangt, was in ihm fragt, sucht und kämpft, was ihn zum Zittern bringt, ihn verletzlich macht, angreifbar, anfällig für Schuldgefühle? Wohl weil sie selbst in der Lebensphase des Fragens, Suchens und Kämpfens sind? Da je-

---

[1] Diese Predigt wurde in einem Literaturgottesdienst zu Siegfried Lenz: Arnes Nachlass. Roman, dtv 12915,

denfalls begegnet ihnen in Arne einer, der schon ganz woanders gewesen sein soll. „Warst du richtig tot?“ fragt Wiebke, soll Arne doch nach dem Schiffsunglück wiederbelebt worden sein. Wie Arnes Gestalt aus dem Nebel hervortritt, so kommt er aus einer anderen, fremden Welt - und bleibt ihr verhaftet.

Wie ergeht es uns heute, am Ewigkeitssonntag? Wir gedenken der Menschen, von denen wir haben Abschied nehmen müssen. Jedes Stück von ihnen, das noch blieb, erinnert an ihr Leben. Ich weiß noch, wie schwer es mir fiel, wegzulegen, was zu meinem Vater gehörte! Und wenn der letzte Atemzug getan ist, ist dieser Mensch noch da - und doch in einer anderen Welt. Jede Erinnerung lässt ihn gegenwärtig, gleichzeitig werden - und spüren, wie er nicht mehr meiner Welt angehört.

Auch Hans hätte gerne mehr gewusst. Was von Arne „nachbleibt“, weckt mit den Erinnerungen auch Fragen. Aber die gewachsene Freundschaft, die beim Sortieren des Nachlasses weiterwächst, kann die bleibende Fremdheit ertragen. Weil aus dem Erinnern ein Gedenken, die Person in ihrer Einmaligkeit und Eigentümlichkeit noch einmal lebendig wird und ihre Geschichte erzählt werden kann. Im Grunde währt ein Menschendasein so lange, wie seines gedacht wird.

Was ist der Mensch, dass du seiner gedenkst, und des Menschen Kind, dass du dich seiner annimmst? Diese Frage in Psalm 8 Vers 5 ist an Gott gerichtet. Einer wie Hans könnte sie gestellt haben. Denn alles, was da „nachbleibt“, ruft bei Hans die Frage hervor: Was war dieser Arne für ein Mensch? Was sind meine gütigen Eltern, meine ablehnenden Geschwister und deren Freunde für Menschen? Was bin ich für ein Mensch? Wie kommen Menschen zueinander und warum stoßen sie einander ab? Warum ist der eine verletzlicher, schamvoller als der andere? Denn es gibt, außer seiner Scham wegen hoher Schulden, eigentlich keine Erklärung dafür, warum Arnes Vater seine Familie mit auf den Meeresgrund nahm. Was bedeutet es für einen Menschen, wenn er zwar überlebt, aber seine familiären Wurzeln verliert? Wieso, wodurch gerät ein nach Klarheit und Wahrheit suchender, im Grunde vertrauenswürdiger, hilfsbereiter junger Mensch ganz ungewollt in einen Schuldzusammenhang, dem er, obwohl er den geringsten Anteil hat, gefangen bleibt?

Aus „Arnes Nachlass“ ließen sich noch weitere existentielle Fragen hervorholen. Alle derartigen Fragen sehe ich versammelt in der einen Frage in Psalm 8: *Was ist der Mensch...?* - so erhaben und so heruntergekommen, so offenherzig und so geheimnisvoll, so kühn und so feige, sich selbst so nah und so fern, so hilfsbereit und so hinterlistig, so fähig und so fahrlässig, so gemein und so gütig?

München 2002, gehalten.

Psalm 8 gibt uns keine Antwort. Das Siegel auf dem Geheimnis des Menschseins bleibt unangetastet. Dieses Geheimnis wird stehengelassen. Auch Hans - und mit ihm Siegfried Lenz - lässt, bei allen Fragen, aller Verwunderung, Arne sein, was und wie er war. Psalm 8 fügt allerdings dieses hinzu: *...dass du seiner gedenkst, und...dich seiner annimmst? Die* Frage gibt die Antwort: Gott gedenkt des Menschen und nimmt sich seiner an. Der Mensch, sich selbst verborgen, sich selbst unbekannt, ist in Gott hin-ein-gedacht. In Gott, aus dem er einmal geboren wurde, wird er zu Ende geboren in Klarheit und Wahrheit. Der große Fluss des Lebens, auf dem ein Mensch sich zu Tode rudert, fließt in ein noch größeres Meer. Noch auf dessen tiefstem Grund findet Gott einen Grund, des Menschen zu gedenken und seine Gotteskindschaft zu bewahren. Um Jesu Christi willen, dessen abgebrochenes doch ein ganz und gar angenommenes Leben war, und der all derer Leben annahm, die von ihrem Leben nur Stücke in der Hand hatten, die schlecht zusammenpassten. Das ist das wahre Geheimnis des Menschseins - und der Kern christlicher Hoffnung: Das endliche Dasein wird von seiner Vollendung her gesehen. Wo uns nur Bruchstücke bleiben, sieht Gott schon das ganze Lebensmosaik.

Nun bin ich sehr weit über Siegfried Lenz hinausgegangen. Beurteilen Sie aber selbst, ob ich damit schon aus Arnes Geschichte ausgestiegen bin. So wahrscheinlich es ist - Arne kann nicht schwimmen, sein Boot wird leer gesichtet -, so offen bleibt doch, ob er sein Grab gefunden hat, wo auch seine Familie es fand: in Meerestiefe. Seine Geschichte jedenfalls ist nicht zu Ende. Sie geht im Gedenken weiter, ein neuer Beziehungsfaden wird aufgenommen. Siegfried Lenz gibt der Geschichte am Schluss eine unerwartete Wendung: Hans stellt, was Arne zurückließ, wieder an seinen alten Platz. Siegfried Lenz möge mir verzeihen, wenn ich dieses Bild nun, im Horizont von Psalm 8, im Horizont des Ewigkeitssonntags, noch einmal ganz anders als Bild verstehe:

Im Gedenken Gottes hat alles seinen unverlierbaren Platz, in Gottes Ewigkeit wird alles wieder hergestellt. Wie die Botschaft vom Kreuz aufgehoben ist und weiterwirkt im Zeugnis von seiner Auferstehung. In diesem Sinn gehört es zur Grundeinsicht und zur Grunderfahrung unseres Glaubens: „Was nachbleibt, räumt man nicht mit dem Besen weg.“ Amen.

* * *

„Gottlob, ich bin kein Pharisäer" - Predigt zu Lukas 18,9-14
Ev. Kirchenzentrum Kronsberg Hannover
31. August 2003 - 11. Sonntag nach Trinitatis

Ein Mensch... / betrachtete einst näher / die Fabel von dem Pharisäer, / der Gott gedankt voll Heuchelei / dafür, dass er kein Zöllner sei. / Gottlob! Rief er in eitlem Sinn, / dass ich kein Pharisäer bin.

Liebe Gemeinde!

Das war sie noch einmal - die bekannte Geschichte vom Pharisäer und vom Zöllner. Diesmal in Worten des bekannten Humoristen Eugen Roth. Ihm verdanken wir die humorvoll-hintergründigen Verse, die mit „Ein Mensch..." beginnen und die uns allen einen Spiegel vorhalten.

Sicher haben Sie bemerkt: Eugen Roth hat die Rollen vertauscht. Im Gleichnis freut sich der Pharisäer, dass er kein Zöllner ist. Im Gedicht freut sich der Zöllner, dass er kein Pharisäer ist. Der Zöllner wird zum Pharisäer. Dieser Rollentausch - der piekst ganz schön.

Eugen Roth hat gut getroffen, was ich die dreifache «protestantische Versuchung» nenne. Die erste «protestantische Versuchung» wird in der Demut geboren: Die Einsicht in die eigene Schuld und die Bitte um Vergebung schlägt plötzlich um in eine Unerbittlichkeit, die diejenigen zu demaskieren und moralisch zu deklassieren versucht, die zu ihren Taten, ihrer Schuld nicht stehen. Der Zöllner wird zum Pharisäer. Was heute unter «political correctness» läuft, hat Züge davon.

Etwas aus der Mode gekommen ist die zweite «protestantische Versuchung», aber es gibt sie immer noch: die Neigung, dauernd den schuldbewussten Zöllner zu spielen und am liebsten alle Schuld der Welt auf die eigene Schulter nehmen zu wollen. Nun ja, in unserer schuldvergessenen Zeit, in der keiner «es gewesen sein will» - 'Damit habe ich doch nichts zu tun! Was kann ich dafür?! Was geht denn mich das an?!' - kann diese Versuchung auch wieder eine Tugend sein: statt Schuld strikt zu leugnen, überhaupt erst einmal anzuerkennen, dass man schuldig werden kann.

Seit meinem Studium befasse ich mich mit Fragen der Wirtschafts-, Umwelt- und Medizinethik. Immer wieder bin ich überrascht, ja, erschrocken, wie wenig ausgeprägt bei vielen, die es besser wissen müssten, auch bei Experten, das Bewusstsein ausgeprägt ist: ‚Wir können irren. Es kann etwas schief gehen, auch wenn wir alles richtig gemacht haben. Wir können schuldig werden.' Denn als Menschen können wir nicht alles bedenken - und haben schon gar nicht alles im Griff. Auch wenn wir technisch und ethisch sorgfältig bedacht haben, was wir bedenken können, bleibt die Bitte ums Gelingen notwendig, bleiben wir auf Gnade angewiesen.

Gleichwohl ist es doch eher komisch, wenn jemand ständig mit schuldbewusster Miene herumläuft.

Übrigens: Der alte Bodelschwingh pflegte, wenn sich die Gemeinde wieder einmal in sichtbarer Demut in die hinteren Kirchenbänke verkrümelte, zu sagen: "Kinder, seid doch so demütig und kommt nach vorn!“

Am weitesten verbreitet ist die dritte «protestantische Versuchung»: Dem Pharisäer werden seine guten Taten vorgehalten. Er wird der 'Werkgerechtigkeit' geziehen: Dem geht es nur um seine Leistungsbilanz! Schnell kommt der Verdacht hinzu: Ist diese Leistungsbilanz vielleicht doch gefälscht, überglänzt da der schöne Schein das matte Sein?! 'Dreck am Stecken' hat doch schließlich jeder!

Jesus allerdings zweifelt die Leistungsbilanz des Pharisäers nicht an. Es gab auch keinen Grund dazu. Nach dem, was wir über die Pharisäer wissen, stimmt alles, was dieser eine an guten Taten aufzählt. Die Pharisäer waren nämlich Leute, die ihr Leben vorbildlich und makellos führten. Sie sind geradezu der lebendige Beweis dafür, dass man die Gebote Gottes halten kann. Die Pharisäer taten sogar mehr, als von ihnen erwartet wurde, gerade auch auf dem Gebiet der Nächstenliebe. Das muss man erst einmal nachmachen! Wofür dankt der Pharisäer? Dass er der Weisung Gottes im eigenen Leben folgen kann. Damit dankt er für Gottes Gegenwart und Nähe in seinem Leben.

Wir wissen alle, worum es heute und in Zukunft geht. Darum kann ich es uns ersparen, liebe Gemeinde, näherhin zu schildern, wofür und wie sehr wir heutzutage Menschen von hoher Moral und mit besonders geschärftem Verantwortungsgefühl brauchen. Unsere Zeit ist ja stark darin, persönlichen Freiheiten Raum zu lassen. Wir alle sind zu Pfadfindern auf dem Weg zum eigenen Glück geworden. Das ist aber nur solange in Ordnung, wie sich in gleicher Weise unser Vorrat an Gemeinsinn aufbaut, statt sich aufzubrauchen.

Schon vor vielen Jahren hat der Physiker und Philosoph Carl Friedrich von Weizsäcker klargemacht, wie sehr das Überleben der Menschheit geradezu unseren Verantwortungswillen verlangt, wie sehr es einen schonenden und schützenden Umgang mit dem Leben voraussetzt. Daraus schließe ich: Wir brauchen mehr Pharisäer. Wir brauchen heute mehr Menschen mit einem Willen zur Verantwortung. Um der Zukunft unserer Erde, vor allem unserer Kinder willen brauchen wir verantwortungsbereite, verantwortungsfähige Menschen. Deshalb füge ich hinzu: Wir brauchen solche Pharisäer, die wissen: 'Ich bin ein Zöllner!'

Allerdings sollten wir uns von Vorstellungen von einem ‚Idealmenschen’ fern halten! Denn 'Idealmenschen' haben wenig Menschliches. Worum geht es also? Zunächst geht es darum, dass hier nicht einer "für sich steht". Der Pharisäer, von dem

Jesus erzählt, hat alles richtig und nichts falsch gemacht. Aber er stand für sich - und dieser Standpunkt hat ihn selbst falsch gemacht. Dadurch wird deutlich: So richtig gewiss ist er seiner selbst und seines Gottes irgendwie doch nicht. Denn er bezieht sein Selbstbewusstsein aus dem Vergleichen, das andere abwertet - statt aus der Gewissheit: „Ich bin ein begabter, begnadeter, geliebter Mensch Gottes."

Und gerade Moral, Ethik, Verantwortungswille dürfen nicht absondern, nicht zur Mauer zwischen Menschen werden. Sie sollen sich ja aufs gemeinsame Wohl richten. Und so sollen sie als gute Beispiele dienen, die zur Nachahmung verlocken. Schließlich stehen wir allesamt vor Gott in einer Verantwortungsgemeinschaft und in einer Schuldgemeinschaft. Im Glauben an Jesus Christus wird eine Vergebungsgemeinschaft daraus.

So ist im Glauben an Jesus Christus eine elementare und fundamentale Lebenswahrheit beschlossen: Das wahre Leben - es erschließt sich uns weder durch unsere Tugend noch verschließt es sich durch unsere Untugend. Das wahre Leben ist das Leben aus und in der Gnade. Und Gnade ist das, was uns gegeben ist, ohne geschuldet zu sein.

In diesem Sinn geht es um wirkliche, echte Demut. Die hat nichts zu tun mit Kleinmut oder Kriecherei vor Gott und den Menschen. Demütig ist, wer offenen Sinnes auf Gott blickt - und auf diese Weise aus jenem Teufelskreis herauskommt, sich dauernd selbst erheben, überheben, vergleichen zu müssen, den Verstand als gerne applaudierenden Zuschauer des eigenen Herzens in Anspruch zu nehmen - statt für das wirklich Wichtige. Der Pharisäer ist tatsächlich keiner, der sich den Mächtigen - hier den römischen Besatzern - andient, der Steuern hinterzieht, der die Gewinnspannen in die Höhe schraubt und was dergleichen mehr die Zöllner fertigbrachten. Doch indem er sich mit dem Zöllner vergleicht, gerät Gott ihm aus dem Blick und er betrachtet sich nur selbst - und nimmt sich allzu wichtig.

Was hätte der Pharisäer denn sagen können? Vielleicht dieses: "Ich danke dir, Höchster, dass du mir die Kraft und die Gelegenheiten gegeben hast, Gutes zu tun. Segne es, damit es anderen wirklich zum Guten dient." Das eigene Gutsein Gott zu überlassen - darum geht es. Doch mit dem schiefen, von Gott ablenkenden Blick auf einen anderen Menschen bleibt «Ein Mensch», selbst wenn ihm die Gebote Gottes das Wichtigste sind, einen winzigen, aber den entscheidenden Schritt hinter dem Ersten Gebot zurück: Gott über alle Dinge zu fürchten, zu lieben und zu vertrauen - mit anderen Worten: zu Gott in ein ungeschütztes, unmittelbares und ungeteiltes Verhältnis zu treten. In einem solchen ungeschützten, unmittelbaren und ungeteilten Verhältnis zu Gott - eben darin steht der Zöllner. Es ist ein offenes, allerdings ungeschöntes und ungeschminktes Verhältnis: Gott, sei mir Sünder gnädig.

Das Eingeständnis, Sünder und auf Gnade angewiesen zu sein, beruht nicht auf der Erkenntnis mangelnder moralischer Qualifikation oder sonstiger Unfähigkeit. Da setzt sich vielmehr die Einsicht durch: Wirklich gut ist nur Gott. Deshalb kommt alles Gutsein von Gott. Und darum kann nur Gott mich gut machen, das Gute in mir durch seine Güte erwecken.

Demütig sein heißt dann: mit Fehlerhaftigkeit, Irrtumsanfälligkeit und dem unausweichlichen Schuldigwerden angemessen umzugehen. So, denke ich, müsste heute auch technische Verantwortung aussehen: die Technik fehlerfreundlich, korrekturfähig und beherrschbar zu machen. Es müssen Fehler passieren dürfen, durch die nicht gleich alles aufs Spiel gesetzt wird.

Noch einmal: In diesem Sinn brauchen wir Pharisäer, die wissen, dass sie Zöllner sind.

Der Zöllner ist freilich kein unmittelbares Vorbild fürs Handeln. Aber er ist ein Beispiel dafür, wie ein Mensch sagen kann: Gott ist gut. Gott ist mir gut. Ich bin mehr als die Summe meiner Taten. Mein Wert geht über mein Werk hinaus. Deshalb sagt Jesus über ihn: *Dieser ging gerechtfertigt hinab in sein Haus.*

Dieses Urteil ist etwas anderes als eine moralische Beurteilung: besser oder schlechter, gut oder böse. Vor allem ist es ganz anders als das, was ich nachahmen könnte oder sollte. Wenn der Zöllner hinten im Tempel steht, ist das keine Platzanweisung und erst recht keine, die irgendeinen Vorteil verspräche. Es geht um etwas, das jenseits des Machens und Herstellens liegt. Jesus will mich trösten - trösten in dem Augenblick, wo mir alle moralischen und weltanschaulichen Überzeugungen und Sicherheiten zerbrechen, wo mir die Idealbilder vom Guten und Wahren zerplatzen, wo mein Idealbild, das ich von mir selbst habe, in die Brüche geht. Jesus tröstet mich, wo ich mich auf keine Leistungsbilanz mehr berufen kann, wo ich einzig und allein vor Gott stehe: unmittelbar, ungeschützt, wehrlos - darin aber begnadet, angenommen und aufgenommen, bejaht trotz allem.

Das ist Gnade. Wie ein Aha-Erlebnis, wie eine Urgewalt erfasst sie dich. Könntest du ihr denn widerstehen - diesem Urerlebnis christlicher Gotteserkenntnis? Das Gute ist mir in Gott gegeben. Es ist im Voraus da. Es ist auch dann da, wenn ich es verfehlt habe. Es hat sogar einen Namen: Jesus Christus. Auch ich trage diesen Namen. Denn ich bin getauft. So bleibe ich an der Güte und am Guten beteiligt - und das heißt: an Gottes Dasein in meinem Leben.

Wo immer Gottes Leben zu deinem Leben wird, wird dein Leben gut. Amen.

* * *

„Auf Messers Schneide“ - Predigt zu 1. Mose 22,1-13
Ev. Kirchenzentrum Kronsberg Hannover
7. September 2003 - 12. Sonntag nach Trinitatis

Liebe Gemeinde!

Die Lebensbeziehung zwischen Vater und Sohn ist fundamental und elementar. Man kann sich ihr nur mit einer Erzählung nähern, die aufs Ganze, in der es ums Ganze geht, und das ist am besten bezeichnet mit der Polarität "Leben - Tod". Wenn die Bibel etwas vom Verhältnis zwischen Vater und Sohn erzählt, geht es meistens um den Segen: dass dem Sohn, nachdem er vom Vater die wichtigsten Lebensregeln gelernt hat, vom Vater die Kraft zugeeignet wird, Nachkommen zu zeugen und den Familienbesitz zu vermehren. Die Söhne treten an die Stelle der Väter. Nun sind die Söhne es, durch die sich das Leben fortzeugt. Segensweitergabe ist Lebensübergabe, Segensverweigerung wäre Lebensverweigerung. Deshalb steht im Verhältnis von Vater und Sohn immer das Leben selbst auf Messers Schneide.

Aber muss es denn gerade diese Geschichte von „Isaaks Opferung“ sein? Diese Erzählung beschäftigt und beunruhigt mich seit vielen Jahren, sie ist der wohl dramatischste und dunkelste Text in der Bibel. Ein Vater ist bereit, seinen Sohn umzubringen. Abraham opfert Isaak - das ist die ungeheuerlichste, die unbegreiflichste und abgründigste Geschichte in der Bibel. Von der Abgründigkeit dieses Gottes, der einen solchen Befehl gibt, ganz zu schweigen. Dieser eine Abgrund reicht mir für jetzt schon: Der Vater gibt seinen Sohn preis, sein eigen Fleisch und Blut. Diese Geschichte ist so lebensfeindlich, so unmoralisch, dass man sie von sich fernhalten möchte und sich von ihr fernhalten müsste.

Doch sind wir, wenn wir die Wirklichkeit ungeschminkt wahrnehmen, ihr denn so fern? Wir können uns diese Geschichte nicht wirklich vom Leibe halten: So wie Männer bisher Geschichte gemacht haben, kommen in den Kriegen ihrer Väter noch immer unzählige Söhne (und Töchter) um, werden Kinder geraubt, misshandelt, missbraucht, verschachert. Noch immer. Und wie viele Kinderseelen werden beschädigt, wenn Väter Karriere machen oder die Familie verlassen?

Neben dieser öffentlichen Seite, die ich jetzt nur kurz angedeutet habe, gibt es die persönliche Seite. Warum steht die "Lebensbeziehung: Vater und Sohn" so oft auf Messers Schneide? Weil es um die Beziehung von Menschen geht, deren Leben ganz eng miteinander verzahnt ist und die doch ihr jeweils eigenes Leben führen müssen. Sie lieben, bis der Sohn erwachsen wird, ein und dieselbe Frau - aber auf ganz unterschiedliche Weise. Und jeder Vater gibt irgendwie ein Erbe an den Sohn weiter - jeder Sohn hat seinen Vater auf irgendeine Weise beerbt, muss aber auf eigenen Füßen stehen. Das führt zu einer ungemein beglückenden Gemeinsamkeit und einem unbeschreiblich schmerzlichen Gegensatz. Abhängigkeit und Freiheit, Anhänglichkeit und Selbstständigkeit liegen immer im Streit. Bis dahin, dass der Vater dem Sohn das Leben neidet, das der Sohn noch vor sich, der Vater aber zu großen Teilen schon hinter sich hat, und der Sohn dem Vater das Leben streitig macht, das er selbst so schnell wie möglich genießen will.

So sind auch Abraham und Isaak auf dem Weg. Sie gehen gemeinsam - doch jeder auf seine Weise, mit seinen Fragen und Gedanken. Das spiegelt sich in dem Zwiegespräch zwischen Vater und Sohn: Isaak fragt nach dem Opfertier. Abraham lässt sich anreden und antwortet. Eine anrührende Szene, der ich viel gegenseitige Vertrautheit abspüre. Abraham lügt nicht, wie sich am Ende zeigen wird. Aber er sagt nicht die volle Wahrheit. Er kann sie ja gar nicht kennen, denn Gott kann die Geschichte auf die eine wie die andere Weise zum Ende führen. Ich versuche, zu meinen Kindern so offen wie nur möglich zu sein. Aber ich kann mit ihnen nicht über alles sprechen, kann ihnen nicht alle Chancen und Gefahren ankündigen. Denn ich kenne weder das Ende noch kann ich meine Erfahrungen und Einsichten auf sie übertragen - sie müssen ihre eigenen Erfahrungen machen, und auch ich habe mein Ureigenes, das nur mir gehört.

Eltern wissen einerseits immer zu wenig, andererseits immer zuviel, um alles sagen zu können. So können Väter, die wie Abraham zwar Antwort geben, aber dann nicht einmal alles Wissen preisgeben können, an ihren Söhnen schuldig werden. So können Söhne, die so viele Fragen haben und noch so wenig Antworten kennen, ihren Vätern etwas schuldig bleiben. Söhne müssen - wie Isaak - oft darauf vertrauen, dass die Antwort der Väter im Grunde stimmt, auch wenn sie vage und das tatsächliche Ende offen bleibt. Väter müssen erkennen, dass im ständigen Fragen der Söhne das Vertrauen, das sie in die Antwort der Väter setzen, für sie, die Väter, schon Antwort, Bestätigung ihres Vaterseins ist.

Wenn in der Weltliteratur und in der Freud'schen Psychoanalyse die Rede von der "Lebensbeziehung: Vater und Sohn" ist, wäre die Sprache längst schon auf den "Vatermord" gekommen. In der ersten biblischen Geschichte von Vater und Sohn jedoch ist die Rede vom "Sohnesmord". Abraham und Isaak sind auf diesem Weg, weil der Vater bereit ist, seinem Sohn das Leben zu nehmen, ihm also den Segen radikal zu verweigern.

Aber Abraham hat doch aus gläubigem Gehorsam gehandelt!? Alles so zu erklären, hieße, die Wahrheit zu verschleiern. Nirgendwo wird erkennbar, Abraham habe von der schlussendlichen Bewahrung gewusst, erzählt wird nur seine Bereitschaft zum Sohnesmord. Und nachdem - auch im Christentum - Menschen mit religiöser Rechtfertigung millionenfach zu Tode gebracht worden sind, kann ich in blindem Gehorsam nur noch einen lebens- und glaubensfeindlichen Fanatismus erblicken.

So fällt der Glaube des Abraham als Rechtfertigungsgrund aus. Dennoch macht es Sinn, dass Gott hier diesen schwierigen, schrecklichen Auftrag gibt. Lange haben sie auf den Nachkommen gewartet - Sarah und Abraham. Dann wird - nach Gottes Verheißung - Isaak geboren. Auf ihm ruhen nun alle Hoffnungen. Er ist Abrahams - und sicher auch Sarahs - letzter Lebens- und Gottespfand. Dieser Sohn ist die einzige Zukunft. In ihm sieht der Vater sich selbst: der Sohn als idealisiertes Selbstbild, im Grunde ein kleiner Gott. So aber ist der Vater nicht wirklich Vater und der Sohn nicht wirklich Sohn. Noch bevor Isaak auf den Holzstoß auf dem Opferaltar gebunden wird, ist er gefesselt an den Vater, der sich so gleich mit gefesselt hat an den Sohn.

Darin steht Abraham mir sehr nahe. Was habe ich nicht schon für Vorstellungen von meinen Kindern gehabt!? In solchen Träumen erfüllte vor allem der älteste Sohn nahezu alles, was mir noch unerfüllt schien. Und welche höchsten elterlichen Erwartungen müssen heute zuweilen Kinder tragen, vor allem Einzelkinder? Es soll den Kindern ja gut gehen. Wer dürfte etwas anderes wollen. Aber dass sie Träger von allem Guten sein könnten, grenzt an Vergötterung und Vergötzung. Wie viel elterliche Selbstvergötzung liegt im Wunsch nach einem "Design-Baby"? Im Sohn kann der Vater sich selbst sein Gott sein. Dann muss Gott selbst den Auftrag geben, sich von diesem Gott zu lösen. Nur so wird Abraham, der Vater, zu einem eigenen, selbstständigen Selbst- und Gottesbild finden. Erst wenn er Isaak wirklich als ein ganz eigenes Gotteskind betrachtet.

Der finstere Befehl: "Gib deinen Sohn preis!" kann also auch so verstanden werden: "Trenne dich von ihm. Er ist nicht dein Besitz. Er ist von dir, aber anders als du. Mach' dich selbstständig gegenüber deinem Sohn und den Sohn gegenüber dir." Als Abraham diesen Schritt und Schnitt vollziehen will, taucht der Engel auf und zeigt sich im Widder ein Ersatz.

Am Ende können Vater und Sohn, selbstständig und gereift, leben und gemeinsam auf Gott blicken. Denn Gott sieht sie beide und befreit beide: Er bringt Abraham dazu, sein idealisiertes Selbstbild aufzugeben. Er schützt Isaak davor, allein die Kosten der Trennung tragen zu müssen. Auf Messers Schneide. Un-moralisch - gewiss. Doch es geht gar nicht um Moral, sondern um Widersprüchliches in der menschlichen Existenz: Freiheit bedeutet Trennung, um sich in Freiheit wiederfinden zu können.

Der Schmerz des eigenen Lebens. Zu dem "passt" nur ein unpassender Gott - ein Gott schwerer Schritte und herber Schnitte bis zum Äußersten. Für mich die sittliche Aufgabe, als älter werdender Vater darin weiter zu reifen, meinen erwachsenen Kindern ihren eigenen Weg zu lassen, auch wenn der ein ganz anderer ist als meiner. Mein Vater musste das auch. Ich bin ihm zutiefst dankbar. Trotz seiner tiefen Skepsis gegenüber dem christlichen Glauben hat er mich meinen Beruf wechseln und in die Kirche gehen lassen. Ich kann nur darum bitten, dass ich im Blick auf meine Kinder Vergleichbares vermag.

Am Ende ist das die Botschaft: Bei Gott, die Söhne sollen leben - und die Töchter! Kein Mensch soll Opfer des Menschen, sondern Helfer zum Leben sein. Einander rechtzeitig loszulassen, die idealisierten Selbstbilder preiszugeben - das gehört dazu. Auch Isaak musste es. Er musste den un-geliebten Jakob, der ihn zudem noch getäuscht hatte, ziehen lassen mit seinem Segen, den er für den geliebten Esau nun nicht mehr hatte.

Am Ende ist die Botschaft: Nicht der Tod - das Leben, nicht das Opfer - der gemeinsame Weg, auch auf getrennten Bahnen, ist das Ziel. *Und gingen die beiden miteinander.* Bis zum Äußersten Abraham und Isaak. Um dieses Zieles willen, damit Lebensopfer nicht mehr nötig sind, geht dieser unbegreifliche Gott noch einmal über das Äußerste hinaus. Wovor Isaak bewahrt wird, davor bewahrt Gott sich selbst nicht. Was Abraham erspart wurde, hat Gott selbst auf sich genommen. "Dieser ist Gottes Sohn gewesen", sagt der römische Soldat über den gekreuzigten Jesus. Und wir hören: Gott selbst hat sich preisgegeben.

Von diesem Jesus kennen wir eine neue Vater-Sohn-Geschichte: Der Vater gibt den Sohn frei, lässt ihn einen Weg gehen, mit dem er ganz und gar nicht einverstanden sein kann. Doch als der Sohn zurückkehrt, schließt er ihn in seine Arme. Gegen alle Regeln. Aus purer Liebe.

Sagt, ihr Väter heute: Was könnt ihr Besseres tun, als auf den Sohn zu warten wie dieser Vater?!

Sagt, ihr Söhne heute: Was könnt ihr Besseres tun, als von Zeit zu Zeit zum Vater zu kommen wie dieser Sohn?

Und was können Väter wie Söhne Besseres tun, als sich dem Gott anzuvertrauen, der im Vater aus Jesu "Gleichnis vom verlorenen Sohn" abgebildet ist und der sich in Jesus Christus noch anders als Gott erweist, als er sich Abraham und Isaak gezeigt hat?

Im Namen Jesu, in seiner Nachfolge, in der Kraft seiner Versöhnung können Väter und Söhne es noch einmal ganz anders wagen:

Und gingen die beiden miteinander.

Amen.

* * *

„Babettes Fest" - Predigt zu Matthäus 13,45+46
Ev. Kirchenzentrum Kronsberg Hannover
16. Januar 2005 - Letzter Sonntag nach Epiphanias[1]

Liebe Gemeinde - besser: Liebe Gäste!

Zum Festessen gehört eine Tischrede. Aber eine Predigt als Tischrede? Warum eigentlich nicht?! Der christliche Gottesdienst hat sich aus der Feier des Abendmahls entwickelt. Dann ist eine Predigt immer auch eine Tischrede. Sie soll zwar nicht in angeheitertem Zustand vorgetragen werden. Es heißt immer noch „Amen" statt „Prost" - wie in dem bekannten Witz der Küster seinen Pastor belehrt. Aber eine Predigt soll etwas von der Heiterkeit des Glaubens ausstrahlen. „Die Freude", sagt Martin Luther, „ist der Doktorhut des Glaubens."

Freude - die erfüllt, nachdem sie Babettes Gastmahl genossen haben, endlich auch die sonst so sauertöpfische, im Grunde zerstrittene, kleinkarierte, überfromme Gemeinde des verstorbenen Propstes. Am Schluss empfinden sie Gnade, vergeben und versöhnen sich.

Aber was ist mit Babette und den beiden Schwestern? Babette offenbart sich ihnen als die berühmte Köchin aus dem Pariser Café Anglais, Café Engel. Die Schwestern denken, nun will sie zurück nach Paris. Aber Babette will bleiben. Warum? Erstens, weil sie kein Geld mehr hat. Den ganzen Lottogewinn hat sie für das Festessen ausgegeben. Zweitens, weil es ihr einzig darauf ankam, sich als wahre Künstlerin zu beweisen und anderen - und sich selbst - eine Freude zu bereiten.

Das kann sie aber in Paris nicht mehr. Alle ihre Freunde aus der Kommune - sie war wirklich Kommunardin - wurden umgebracht. Und auch die Adels- und Bürgersleute, die die Kommune brutal beseitigt haben, sind verstorben. Babette achtet auch diese, ihre Gegner. Denn gerade sie wussten, wahre Kunst zu würdigen, auch die Kochkunst.

In Matthäus 13 Verse 45 und 46 erzählt Jesus ein Gleichnis:

Das Himmelreich ist gleich einem Kaufmann, der gute Perlen suchte, und da er eine köstliche Perle fand, ging er hin und verkaufte alles, was er hatte, und kaufte sie.

Der Kaufmann setzt um der einen Perle willen alles ein, was er besitzt. Gleicherweise wendet Babette für das Gastmahl alles auf, was sie hat. So erweist sie sich als

[1] Diese Predigt wurde in einem Literaturgottesdienst zu Tania Blixen: Babettes Fest, Zürich 2003, gehalten, anschließend wurde der entsprechende Film gezeigt.

wahre Künstlerin, die andere „glücklich machen“ kann, indem sie ihr „Allerbestes“ gibt.

Es geht - statt um Verschwendung - um Verwandlung, Verwand-lung im Horizont von Erfüllung. Jesus feiert die Hochzeit von Kana mit. Die Verwandlung von Wasser in Wein ist ein Bild: In Jesus ist die Lebensfülle, in der Begegnung mit ihm verwandelt sich unser blasses, eher wässriges Leben. Später lässt er sich gegen den Protest seiner Jünger von einer Frau mit kostbarem Öl übergießen. Das Öl hätte für ein ganzes Jahr gereicht. Am lautesten protestiert der sparsame Kassenwart Judas, der sich freilich bald als Verräter entpuppt.

Jesus wird als „Fresser und Weinsäufer“ beschimpft. Mit allen hat er Mahlgemeinschaft: mit den - wenigstens äußerlich - Makellosen wie mit denen, deren Dreck am Stecken zum Himmel stinkt. So bringt er ihnen in seiner Person das „Himmelreich“, die Nähe Gottes: Gnade, Vergebung, Hoffnung, Freude, Liebe. „Gott ist da und Gott ist nah. Vor dem Nein kommt immer erst das Ja. Das Sein geht dem Nichtsein voraus.“ Mit dieser Botschaft bewahrt Jesus vor dem Fall ins Nichts auch diejenigen Menschen, die in den Abgrund geblickt haben. Statt den Mangel zu beklagen, lebt er aus der Fülle Gottes, statt auf die Dunkelheit zu schimpfen, zündet er ein Licht an. Ja, der Glaube ist der Vogel, der singt, wenn die Nacht noch dunkel ist! Und Glauben heißt, wie Hilde Domin dichtet, dem Wunder leise - wie einem Vogel - die Hand hinhalten.

Wir haben die funkelnden Perlen des Glaubens, der Hoffnung, der Liebe vor Augen. Damit wir entschieden und entschlossen auf dieses Ziel zugehen, hat Jesus uns das Abendmahl hinterlassen. *Er* hat die Perle „Himmelreich“ gefunden. Jetzt sind *wir* seine Perlen, für die er alles gibt. In Brot und Wein schenkt er sich uns selbst. Im Abendmahl feiern wir die unverbrüchliche Gemeinschaft mit Gott, die selbst den Tod überdauert. Jesus hat es als Freudenmahl verstanden, als Vorgeschmack des himmlischen Gastmahls, das um des Himmels willen unsere Freude an den Gaben der Erde und unsere Treue zur Erde weckt. „Brot des Lebens.“ „Kelch des Heils.“

Die Parallelen zwischen „Babettes Fest“ und dem Abendmahl sind ja unverkennbar. Zwar ist „Babettes Fest“ ein Gleichnis, wie die Kunst den Menschen aus Zwängen befreien kann. Dahinter aber zeigt Tanja Blixen uns etwas „Jesuanisches“: Jesus sah in jedem Mahl eine Feier des Lebens und darin eine Spur des „Himmelreichs“. Am Schluss begreifen auch die Schwestern: Babettes Festessen war keine Verschwendung, sondern der Beginn einer Verwandlung. Wenn nämlich wahre Künstler - und das sind wir auf unsere Weise alle - ihr „Allerbestes“, ihr „Äußerstes“ geben, ist der „Himmel“ ganz nah, auch wenn die letzte Erfüllung für uns Menschen immer noch aussteht.

Philippa, zudem von Babette an den unvergessenen Sänger Papin erinnert, umarmt sie und flüstert: „Aber das ist nicht das Ende. Ein Gefühl sagt mir, Babette, dass dies nicht das Ende ist. Im Paradies wirst du die große Künstlerin sein, als die Gott dich schuf. Und ein Entzücken", fügt sie hinzu, und die Tränen liefen über ihre Wangen, „ein Entzücken, Babette, für die Engel."

Einige „Engel" sind jetzt hier: Wir. Es ist aufgetischt. Euch allen: Gesegnete Mahlzeit! Amen.

* * *

„O Jesu, was bist du lang ausgewesen" - Predigt zu Jesaja 63,15 - 64,3
Ev. Kirchenzentrum Kronsberg Hannover
04. Dezember 2005 - Zweiter Sonntag im Advent

O Jesu, was bist du lang aus gewesen, / o Jesu Christ! / Die sich den Pfennig im Schnee auflesen, / die wissen nicht mehr, wo du bist.

Sie schreien, was hast du sie ganz vergessen, / sie schreien nach dir, o Jesu Christ! / Ach kann denn dein Blut, ach kann es ermessen, / was alles salzig und bitter ist?

Die Trän' der Welt, den Herbst von Müttern, / spürst du das noch, o Jesuskind? / Und wie sie alle im Hungerhemd zittern / und krippennackt und elend sind!

O Jesu, was bist du lang ausgeblieben / und ließest die Kindlein irgendstraßfern. / Die hätten die Hände gern warm gerieben / im Winter an deinem Stern.

„Weihnachtslied", liebe Gemeinde, hat der Lyriker Peter Huchel dieses Gedicht genannt.[1] **Aber Weihnachtslieder, auf die wir uns in diesen Adventstagen wieder freuen dürfen, besingen doch eine Geburt, eine große Ankunft!? Wie ein Gegentext erzählt Peter Huchels „Weihnachtslied" von einem langen Ausbleiben, von einem großen Vermissen! Kein Stern. Nirgends. Kein Stall. Nirgends. Keine Krippe. Ein ganz und gar unweihnachtliches Weihnachtslied. Ein Schrei Vergessener und Verlorener, die niemand vermisst.**

Umso mehr vermissen sie IHN: O Jesu, was bist du lang aus gewesen, / o Jesu Christ! **Am meisten vermissen ihn die Kinder:** Die hätten die Hände gern warm gerieben / im Winter an deinem Stern. **Dennoch unverkennbar sind die Spuren der Weihnachtsbotschaft:** Und wie sie alle im Hungerhemd zittern / und **krippennackt** und **elend** sind! **Ich denke dabei an die zweite Strophe des Liedes „Lobt Gott, ihr Christen alle gleich", das wir zu Weihnachten sicher wieder anstimmen werden: „Er kommt aus seines Vaters Schoß / und wird ein Kindlein klein, / er liegt dort elend, nackt und bloß / in einem Krippelein, / in einem Krippelein." So sehr er sich an ihm reibt, so sehr nährt**

[1] Peter Huchel: Die Gedichte, stb 2665, Frankfurt/M. 1997, S. 67+68

sich Peter Huchels Gegentext vom Text der Bibel und der Lieder, die sie deuten.

Durch die Spannung zwischen Text und Gegentext kommt der ursprüngliche Sinn der Weihnachtsbotschaft zum Vorschein: Der Jesus, auf dessen Geburtsfest wir uns in diesen Adventstagen vorbereiten, steht ganz auf Seiten derjenigen, die sich den Pfennig im Schnee auflesen, die im Hungerhemd zittern, die sich an seinem Stern die Hände gern warm gerieben hätten! Jesus selbst ist die Stimme derer, die in dieser Welt keine Stimme haben - und das ist die große Mehrheit der sieben Milliarden Menschen auf Erden. Die Jesus-Geschichte ist eine Geschichte von ganz unten für die ganz am Ende, sei es am Leib, sei es an der Seele, sei es an Leib u n d Seele. Am Anfang der Stall - am Ende der Galgen.

Vorhin, liebe Gemeinde, haben wir gesungen: „O Heiland, reiß' die Himmel auf, herab, herab vom Himmel lauf; reiß' ab vom Himmel Tor und Tür, reiß ab, wo Schloss und Riegel für!" Auch in unserem Gesangbuch gibt es Lieder von Verlorenen und Vergessenen, die IHN vermissen, ihren Gott. Ein Gebetsschrei zum vermissten Gott - das ist der Predigttext, den wir als erste Lesung gehört haben. Ich erinnere nur an diese wenigen Zeilen aus unserem Predigttext, dem Motiv für unser Adventslied:

So schau nun vom Himmel und sieh herab von deiner heiligen, herrlichen Wohnung! Wo ist nun dein Eifer und deine Macht? ... Ach dass du den Himmel zerrissest und führest herab...

Ein kurzes Wort nur zum historischen Hintergrund dieses ‚Volksklageliedes' in Jesaja 63 und 64, das den Psalmen ganz ähnlich ist und das wir einem Theologenkreis in der Tradition des Propheten Jesaja verdanken. Das babylonische Exil ist zu Ende. Die Kinder und Enkel der Verbannten dürfen zurückkehren in die Heimat. Ja, sie sind zurück in Jerusalem. Ja, sie dürfen auch den Tempel wieder aufbauen. Ja, das Wunder ist geschehen. Ja, die Hoffnung hat sich erfüllt. Nun aber ist es, als ob die Leute an noch zu kleiner Hoffnung sterben. Ihre Hoffnung bleibt nämlich stecken in den Trümmern des Tempels. Das Heiligtum: immer noch zertreten. Das Volk: wieder heillos zerstritten. Was ist geschehen? Die Heimkehrenden entstammen den vermögenden Familien; sie verlangen ihr Land, ihre Häuser, ihren Besitz zurück. Die Daheimgebliebenen gehören zu den Armen; sie verlieren durch die Rückgabe ihre Lebensgrundlage. Die sozialen Spannungen wachsen, die Wirtschaft kommt nicht in Gang. Wer hat da noch Zeit, Kraft und Mittel, den Tempel wiederzuerrichten? Die Sorge ums tägliche Brot geht vor! Und bevor die Mauern des Tempels wieder hochgezogen sind, haben sich, wie eben angedeutet, unsichtbare Mauern zwischen die Menschen geschoben. An diesen Mauern des Unfriedens und der sozialen Ungleichheit muss am Ende die neue Freiheit zerschellen.

Was machen *wir* in solcher Lage? Erst einmal untersuchen wir die wirtschaftlichen Ursachen und die sozialen Folgen. Das ist ja richtig. Doch die Jesaja-Leute gehen sofort in die Tiefe und aufs Ganze. Für sie sind Lebenserfahrung und Gotteserfahrung zwei Seiten ein und derselben Medaille. Darum können sie die persönliche Erfahrung von Hilfe und Zuwendung, wie sie nur im unmittelbarsten Lebenszusammenhang der Familie möglich ist, auf Gott übertragen: *Bist du doch unser V a t e r....* Wie Vater oder Mutter alarmiert werden, wenn „die Hütte brennt", alarmieren sie Gott. Aber wie! Sie alarmieren Gott wegen Gott:

Wo ist nun dein Eifer und deine Macht? Deine große, herzliche Barmherzigkeit hält sich hart gegen mich.

Bitte folgen Sie mir nun in Tiefengründe des Glaubens, für die es eigentlich keine Worte gibt. Kann ich glauben, wenn Gott schweigt oder sich mir entzieht oder sich mir hart entgegenstellt? Die Jesaja-Gruppe kann von Gott nicht lassen, selbst wenn sie sich ganz von IHM verlassen fühlt. Zwischen dem abgewandten und dem zugewandten Gott steht nur - Gott: *Warum lässt du uns, Herr, abirren von deinen Wegen und unser Herz verstocken, dass wir dich nicht* fürchten? Wiederum nährt sich der Gegentext vom Text. Hier durften Menschen sich so in Gott hineinglauben, hier hat eine Gotteserfahrung sie ergriffen, die die eigene Verstocktheit nicht außerhalb der verborgenen Gegenwart Gottes zu begreifen vermag. Sie schieben nicht einfach Gott die Schuld in die Schuhe, aber sie verstehen noch ihre Harthörigkeit und ihre Hartherzigkeit von ihrem Gottesbezug her. Und genau das gibt ihnen Grund und Kraft, an Gott zu appellieren: *Kehr zurück um deiner Knechte willen, um der Stämme willen, die dein Erbe sind!*

So nimmt der Glaube selbst die Zerreißproben und Widersprüche des Lebens in sich auf. Gerade wer glaubt, muss umgehen mit dem Schmerz, den die Verborgenheit Gottes bereitet. Auch in dieser Adventszeit machen wir die Erfahrung, wie wenig die Wirklichkeit mit dem Wirken Gottes in Einklang gebracht werden kann und wie schmerzlich das ist. Wie viele Worte werden seit Monaten nur noch mit dem Beiwort ‚Krise' gebraucht?! Und wie sehr geht es bei alledem um das Ein- bzw. Auskommen nicht nur einer Minderheit von etwa 800 Millionen Europäern und US-Amerikanern, sondern von bald 7 Milliarden Menschen auf der Erde! Auf dem kleinen Raumschiff Erde, das keinen Notausgang hat! Not-wendig ist aber eine grundlegend andere Richtung unserer Zivilisationsorientierung, hin zu einer ausstoß- und abgasarmen Lebens- und Wirtschaftsweise ohne Kohle und Kernkraft, ein neuer Gesellschaftsvertrag, in dem die Lebensrechte und -chancen der kommenden Generationen der Maßstab allen Handelns sind, indem also nicht heute schon alles verbraucht wird, was morgen dringend gebraucht wird, indem nicht heute beschädigt wird, was morgen nicht mehr repariert werden kann. Dabei geht es nicht nur um Schadensvermeidung, sondern besonders auch darum, dass unsere Nachkommen die Errungenschaften und Vorzüge der modernen Welt, die diese ja zweifellos hat, einmal nutzen können.

Schließlich geht es im Rückblick auf die Jahre nach 1945 und die Jahre, die vor uns liegen, um die Einsicht: Weder kann das Wirtschaftswohlergehen der Kinder das Leid der Eltern wiedergutmachen noch kann das Wohlleben der Eltern die Not der Kinder vorab rechtfertigen. Niemand von uns will es ja auch so weit kommen lassen, wie es der US-amerikanische Komiker Groucho Marx einmal gesagt haben soll: „Was kümmern mich meine Nachkommen? Haben sich meine Nachkommen jemals um mich gekümmert?"

Also brauchen wir, wozu uns die Adventszeit verhelfen will: UMKEHR, die Erneuerung unseres Richtungssinnes! In ihrer religiösen Tiefendimension bedeutet Umkehr mehr als eine neue Handlungsorientierung. Sie bedeutet: Gott zu vermissen - und deshalb Gott um Gott zu bitten! Weil wir Gottes bedürfen, um der Illusion zu entgehen, es ginge nur um uns und wir hätten alles im Griff. Um Gottes Rückkehr zu bitten - das wäre der erste Schritt zur Umkehr. „Wo bleibst du, Trost der ganzen Welt, darauf sie all ihr Hoffnung stellt? O komm, ach komm vom höchsten Saal, komm, tröst' uns hier im Jammertal." (aus EG 7: „O Heiland, reiß die Himmel auf")

Als Christinnen und Christen glauben wir an den heruntergekommenen Gott, Mensch geworden im Stall von Bethlehem. Damit schieben wir weder auf Gott ab, wofür wir selbst verantwortlich sind, noch sind durch ihn alle Weltprobleme gelöst. Aber dieser Glaube gibt uns die orientierende und korrigierende Gewissheit: Das Abtragen von Mauern zwischen Menschen sowie die Ausrichtung an denen, die noch geboren werden und für die das Krippenkind steht, hat Verheißung. Damit niemand im Hungerhemd zittern muss, alarmieren die Lieder in Bibel und Gesangbuch Gott, und schlagen so Alarm für das Leben, für das Recht, für den Frieden.

Peter Huchel hat sein „Weihnachtslied" geschrieben, als mit dem Kriegsende der Nazi-Terror vorbei war. Die Trän' der Welt, der Herbst von Müttern, die ihre Männer, ihre Söhne, ihre Töchter im Krieg verloren hatten - die waren damals mitten in diesem Land. Manche wollen über all das den Mantel des Schweigens breiten. Doch wir *müssen* davon noch offener sprechen als bisher. Denn wir erleben Jahr für Jahr, dass irgendwelche politischen Blutsäufer irgendwo auf der Erde ihr eigenes Volk aussaugen. Und erheben nicht unter uns Rechtsradikale und Neonazis immer wieder ihr freches Haupt?! Scheint der Schoss doch fruchtbar noch, aus dem das kroch?! - frage ich mit Worten von Bertolt Brecht. Auch dem abstrusen altgermanischen Neuheidentum dieser rechten Kreise gegenüber kann die Kirche nur sagen: Nein! Nein! Nein!

Inmitten all der Fragen unserer Zeit, inmitten der wahrlich großen Aufgaben, die vor uns stehen und für die wir noch keine Lösungen haben, warte ich gespannt und freudig auf die Weihnachtsbotschaft:

...und ihr werdet finden das Kind, in Windeln gewickelt und in einer Krippe liegen....

Das Kind in der Krippe. Nicht sein holdes Lächeln, sondern sein Geschrei verbürgt mir die Nähe des Vaters im Himmel.

Kein Ohr hat gehört, kein Auge hat gesehen einen Gott außer dir, der so wohl tut denen, die auf ihn harren.

Stirb also nicht an *zu kleiner* Hoffnung! Dann kannst du alles daran setzen, dass immer weniger Menschen klagen müssen: O Jesu, was bist du lang ausgeblieben?!

Amen.

* * *

„Empfangen und genähret vom Weibe wunderbar" - Predigt zu Hiob 14,1-6
Ev. Kirchenzentrum Kronsberg Hannover
12. November 2006 - Drittl. Sonntag im Kirchenjahr

Liebe Gemeinde!

Der Predigttext für diesen Drittletzten Sonntag im Kirchenjahr steht im Buch Hiob. Das Buch Hiob ist eine Dichtung aus dem 4. Jahrhundert vor Christus. In diesem literarischen Kunstwerk ist menschliches Elend derart veranschaulicht und verdichtet, daß jüdische Ausleger sagen: Hiob mag wohl gelebt haben, aber seine Leiden sind reine Dichtung. Andere entgegnen: Hiob hat nie gelebt, dennoch maßlos gelitten. Ich schließe mich Letzteren an. In der Hiob-Gestalt wird - unverwechselbarer nur Jesus am Kreuz - in ansonsten beispielloser Deutlichkeit und Dichte alles ausgedrückt, was nur über den Menschen, seinen Leib und seine Seele, kommen und ihn beschweren kann. Da ist es verständlich, wenn Hiob Vorlage für viele weitere Dichtungen war, für Romane, kurze Prosastücke oder Lyrik. Um 1800 herum hat Matthias Claudius, dem wir das Abendlied „Der Mond ist aufgegangen..." verdanken, das 14. Hiob-Kapitel, verknüpft mit Psalm 90, zur Vorlage für sein schlichtes Gedicht DER MENSCH genommen:[1]

Empfangen und genähret / Vom Weibe wunderbar, / Kömmt er und sieht und höret / Und nimmt des Trugs nicht wahr; / Gelüstet und begehret, / Und bringt sein Tränlein dar; / Verachtet und verehret, / Hat Freude und Gefahr; / Glaubt, zweifelt, wähnt und

[1] Matthias Claudius: Ausgewählte Werke, hg. v. Walter Münz, Reclam 1691 [6], Stuttgart 1990, S. 164

lehret, / Hält nichts und alles wahr; / Erbauet und zerstöret / Und quält sich immerdar; / Schläft, wachet, wächst und zehret; / Trägt braun und graues Haar. / Und alles dieses währet, / Wenn's hoch kommt, achtzig Jahr. / Dann legt er sich zu seinen Vätern nieder, / Und er kömmt nimmer wieder.

Kann man das Menschsein einfacher, zugleich nüchterner beschreiben?! Melancholie und Skepsis sind unverkennbar dabei. Aber sie sind ganz und gar aufgewogen, aufgehoben in einem tiefen Einverständnis: einem Einvernehmen mit dem Menschsein, wie es nun einmal ist, so gegeben ist. Wer es so eingerichtet hat, lässt Matthias Claudius offen. Aber die Grundstimmung des Einvernehmens ist so stark, daß in jedem Wort die Stimme eines tiefen, letzten Gottvertrauens zu vernehmen ist, einer Lebensgewissheit, die das Lebensende überdauert. Ein solches Einvernehmen bei klarster Einsicht in die Gegebenheiten des Menschseins - die wünsche ich mir. Und wenn jemand es dann so poetisch auszudrücken vermag...

Poetisch ist auch die Hiob-Geschichte. Aber es ist eine gebrochene Poesie, die Poesie der Klage, des Protestes. Alles hat Hiob verloren: die Frau, die Kinder, sein gesamtes Hab und Gut, zuletzt seine Gesundheit. Jetzt sitzt Hiob, selbst nur noch ein Haufen Asche, auf einem Aschehaufen und schabt sich mit Tonscherben die Schwären des Aussatzes von der längst schon zerkratzten, zerfetzten Haut. Hiob, bis auf die Knochen ruiniert und blamiert, hat nur noch Herz, Hirn und Sprache. Und damit streitet er mit Gott. Hiob, der Gerechte, will sich von Gott nicht ungerecht behandelt und von seinen Freunden nicht als Ungerechter bezichtigt wissen. Hiob beharrt auf seinem Recht - und bei dem, was von ihm erzählt wird, völlig zu recht! Wenn jemand ein Gerechter, wenn jemand im Einvernehmen mit Gottes Weisung und Willen war, dann Hiob. Jetzt aber von Einvernehmen keine Spur mehr, namentlich nicht im 14. Kapitel des Hiob-Buches. Daraus zitiere ich nun - in teilweise eigener Verdeutschung - die Verse 1 bis 6:

Der Mensch, aus einer Frau geboren, lebt nur für kurze Zeit und ist voller Unrast; wie eine Blume erblüht er und wird dann abgeschnitten; wie ein Schatten flieht er und vergeht. Er gammelt dahin wie morsches Holz, wie ein Kleid, an dem die Motten fressen. Und auf einen solchen Menschen hast du's abgesehen, Gott? Einen solchen Menschen zerrst du vor's Gericht? Dessen Tage ohnehin gezählt sind - nimm doch deine Augen weg von ihm und lass' ihn in Ruhe! Dem du ohnehin Grenzen gesetzt hast, die er nicht überschreiten darf - gönne diesem Tagelöhner, dessen Leben sowieso eine einzige Plage und Plackerei ist, gönne ihm doch wenigstens etwas Freude in seinem kleinen Leben!

Wogegen erhebt Hiob seine Stimme? Worüber streitet er mit Gott? Worum geht es ihm, wenn er gegen Gott - wie es an anderer Stelle heißt - ein Rechtsverfahren anstrengen, einen Gerichtsprozess führen will? Dass menschliches Leben begrenzt ist? Allezeit bedroht, beschädigt zu werden? Am Ende ganz und gar hinfällig? Das wäre ein Grund zum Klagen. Aber Hiobs Grund ist ein anderer, tieferer: Zu alledem, was ein Mensch ohnehin schon zu tragen und zu ertragen hat, fügt Gott noch ein Leiden hinzu, für das es keine Worte gibt - und schon gar keinen Grund im Verhalten Hiobs. Hiob bestreitet nicht Gottes Recht am Menschen, aber er streitet mit Gott darum, ob der denn überhaupt recht handelt an einem gottesfürchtigen Menschen, wie Hiob einer ist. Gott soll ihn doch in Ruhe lassen und nicht weiter in die Quere kommen! Hiob, ein Mensch hat doch sowieso keine Chance. Von einem Baum, so stellt er in den nächsten Versen bitter fest, auch von einem abgehauenen Baum bleibt wenigstens ein Stumpf, aus dem wieder Zweige treiben, aus dem wieder Leben erwacht! Aber ein Mensch kommt nicht mehr wieder!

Doch das ist, wie gesagt, gar nicht einmal der Hauptgrund für Hiobs Zorn auf Gott. Wenn es so ist, soll Gott den Menschen - ihm: Hiob - wenigstens sein mühsames, kurzes Leben fristen lassen und ihm nicht mit einem Übermaß an Plagen dauernd in die Quere kommen. Hiob ist nicht auf Wellness und Happiness aus, er erbittet nur eine kleine Chance, überhaupt gottesfürchtig und gerecht leben zu dürfen. Wie aber soll das ein Aussätziger können, der in der damaligen Gesellschaft ausgesetzt und von ihr ausgeschlossen ist?!

Hiobs wütende Worte gegen Gott müssen noch heute jeden erschrecken. Gott erscheint Hiob wie ein Feind, wie ein übermächtiger Gegner, der das Recht nicht braucht, weil er die Macht hat. Kann man lästerlicher über und gegen Gott reden? Ich führe diesen Gedanken gleich weiter. Doch vorher möchte ich allen von uns, die heute mit Gott einfach nicht zurecht kommen, die den Himmel über sich leer und die Erde dem Unglück und dem Unrecht, dem Verbrechen und der Vernichtung preisgegeben sehen, jetzt möchte ich dir und mir sagen: Die Bibel erlaubt uns, mit Gott zu streiten, gegen Gott zu protestieren. Wir alle haben ein fühlendes Herz, ein denkendes Hirn und eine Sprache. Wie Hiob, an dem wir erkennen, welche unglaubliche Kraft uns zuwächst aus den Tränen, aus der Klage und aus dem Beten: auch aus dem Beten, mit dem wir nicht in Gottes Willen einwilligen.

Kann man lästerlicher über und gegen Gott reden? Das Hiob-Buch ist eine Dichtung. Das behalten wir im Sinn. Darum kann es immer nur, auch wenn Dichtung wahrer sein kann als das gemeinhin für wahr Gehaltene, um ein Bild vom Menschen und ein Bild von Gott gehen. Eben das ist einer der Brenn- und Zielpunkte der Hiob-Dichtung: Uns alle vom bisherigen Bild vom Menschen und von Gott und ihrer Beziehung zueinander zu befreien. In seiner Wut auf und seinem Widerspruch gegen Gott zerbricht Hiob die unerbittliche Logik des Tun-Ergehen-Zusammenhangs, am bekanntesten als Dogma von der unvermeidlichen Vergeltung und der notwendigen Strafe. Diesem starren, un-menschlichen und wider-göttlichen Schema folgen seine

„frommen" Freunde. Die wollen ihm einreden, sein Leiden müsse eine Ursache in seinem Verhalten haben, er habe nur seine Sünde, seine Schuld noch nicht er- und bekannt. Dagegen bezweifelt Hiob keinen Augenblick, daß das furchtbare Unglück, das ihn getroffen hat, von Gott kommt. Aber gerade dieses Wissen ist der Grund seines Protestes. Wenngleich er die Ursache seiner Leiden nicht kennt, erkennt er doch ihren Urheber. Gerade deshalb gewinnt er den Mut zum Rechtsstreit mit Gott.

Wahrlich, ein neues Gottesbild! In der Klage vor Gott und im Begehren nach Antwort kämpft Hiob um die Reinheit seines Glaubens und Gewissens. Eben dabei erkennt Hiob einen Gott, der sich dem menschlichen Verstehen entzieht, von dem das Beglückende wie das Bedrückende kommt, der aber weder eine Krämerseele hat, noch dem mit Kaufmannslogik beizukommen wäre. Ja, alles kommt von Gott, Segensreiches wie Verfluchenswertes, aber Gott verteilt es anders, ganz anders als nach dem Schema „Lohn für die Guten, Strafe für die Bösen".

Gewiss und schwer genug: Gott folgt Maßstäben, die uns undurchschaubar bleiben. Das Unverfügbare und Unverrechenbare! Doch woraus sonst könnte Hiob, könnten wir am Ende erkennen, dass Gottes Da-Sein, Mit-Sein und Für-uns-Sein an keinem Maß messbar, auf keinem Rechenschieber ablesbar ist, weder am Glück noch am Unglück, weder am Erfolg noch am Misserfolg?! Unsere Landesbischöfin hat es im Blick auf ihre eigene Erkrankung so ausgedrückt: Krankheit ist keine Strafe Gottes! Ich füge hinzu: Wenn ein - wie auch immer - beschädigter oder bedrückter, deklassierter oder auch demaskierter Mensch sein ganzes Leben als von Gott gewolltes Leben annimmt, kann das ein Ausdruck des Glaubens sein - und eine Ermutigung für alle anderen, für uns alle, die wir ja ebenfalls auf je eigene Weise in immer engeren Grenzen zu leben haben. Wenn ich das aber von einem anderen Menschen fordere und gar im Namen einer göttlichen Weisheit und Wahrheit, wird es zur Lüge und zur Gemeinheit. Ich kann bezeugen: Gott will, dass es mir so geht. Aber zu behaupten, Gott wolle, dass es dir so geht, ist Ideologie, die sich fromm gibt, aber Menschen verachtet und Gott lästert.

Könnten wir heute die Hiob-Dichtung im Ganzen bedenken, würden wir erkennen: Auch ein wahrhaft frommer Mensch versteht das Leid der Welt nicht, aber er besteht es. Dazu gehört der Abschied von dem Aberglauben, am Gelingen eines Lebens ließe sich das Erwähltsein eines Menschen, am Misslingen sein Verworfensein ablesen. Ja, so wenig ich übersehen darf, dass jede meiner Handlungen oder Unterlassungen eine Folge zeitigt, so wenig lässt sich meine Gottesbeziehung auf der Ebene und im Vorstellungskreis von Tun und Ergehen oder gar von Strafe und Vergeltung ausdrücken.

Für den Glauben gibt es einfach keinen Grund - außer Gott selbst. Grundlos leidet Hiob, grundlos glaubt er weiter. So wächst, so formt sich in Hiob ein wahrer Glaube: jenseits eines Gottesbeweises, ohne äußeren Grund. In dieser Grundlosigkeit findet Hiob wirklich - Gott. Gott bietet weder die Garantie eines heilen Lebens in einer heilen Welt noch irgendeinen Vorteil oder Nachteil. Es geht allein um die Begegnung mit Ihm der Ist. Gott ist - ich sage es immer wieder - der Name für das Sein selbst, für das, was uns unbedingt angeht, was uns betrifft und verpflichtet und so unser Leben ausgestaltet und erfüllt, was uns so über uns selbst hinaus hebt.

Was für ein schwerer Glaube?! Ja, das finde ich auch. Ein schwerer Glaube, wenn zwischen meinem Tun und meinem Ergehen kein Zusammenhang vor Gott bedeutsam ist. Wenn Missgeschick so wenig eine Quittung für Schuld wie Tüchtigkeit eine Garantie für Wohlergehen sind. Als Mensch möchte ich doch so gerne alles erfassen und auf alles gefasst sein, alles ausrechnen, austarieren und ausbalancieren, alles begreifen und im Griff haben. Doch das möchte ich euch immer wieder sagen als die Einsicht meines Lebens: Nur dieser schwere Glaube schenkt uns die äußerste Würde und Freiheit, die wir endlichen Menschenwesen überhaupt erreichen können. Denn nur so bleibt unsere Würde unabhängig von unserem inneren oder äußeren Zustand, von den uns unbeeinflussbaren Umständen unserer Geburt, von den erleichternden oder erschwerenden Voraussetzungen unserer Herkunft sowie den - trotz aller unserer Handlungsmacht - schwer steuerbaren und nur ungenau vorhersagbaren Reaktionen anderer Menschen und der Natur. Oder wachsen die Risiken nur ins Unermessliche, weil unsere Fähigkeit zu „kreativer Zerstörung" so groß ist? Jedenfalls gibt diese Unabhängigkeit und Grundlosigkeit Freiheit. Freiheit zum Leben nach bestem Wollen und Vermögen, Wissen und Gewissen. Und nur wenn ich die Widersprüche des Lebens in Gott vereint sehe, kann ich mit ihrer Überwindung und mit Erlösung rechnen!

Matthias Claudius: Einverstanden mit dem Leben, wie es ist, einverstanden mit Gott. Hiob: Noch klagend vor Gott, voller Wut und Zorn, bereit zum Rechtsstreit mit dem Schöpfer der Welt, zum Wahnsinn getrieben und doch voller gläubigem Eigensinn. Beide Wege, beide Wege sind Wege des Glaubens. Die Lebens- und Glaubenserfahrung zeigt, wie wir einmal den einen, einmal den anderen Weg beschreiten. Bei mir überlagern sich meist beide Wege, ereignet sich Ungleichzeitiges im Gleichzeitigen.

Liebe Gemeinde, ich schließe mit einer weiteren persönlichen Bemerkung. Dreißig Jahre nach meiner Ordination zum Pastor frage ich mich im Blick auf die wenigen Dienstjahre, die noch vor mir liegen - Und wer weiß, wie viele Lebensjahre es noch sind? -: Was war und ist mein Auftrag - und bin ich ihm auch nur annähernd gerecht geworden? Was ist mir besonders wichtig? Was glaube ich wirklich? Dabei drängt sich mir, eingedenk der Unanschaulichkeit und Verborgenheit Gottes, der Gedanke auf: Ich kann nicht wirklich von Gott reden, aber ich darf von Gott in keinem Fall schweigen.

Ein Ur-Enkel von Matthias Claudius, Hermann Claudius, geboren 1878, gestorben 1980, hat es in einem Gedicht so ausgedrückt - und in der Spur solcher Lebenswahrheit, solcher Lebensgewissheit hoffe ich, in den nächsten Jahren immer mehr mein Leben führen und meinen Beruf ausüben zu dürfen:

Ich will und muss dem einen Gott vertrauen, / der sich so tief in uns verborgen hält, / als wäre diese Welt nicht Seine Welt. – Ich will und muss auf Seine Weisheit bauen, / die sich mit unserer so sehr entzweit, / als wäre seine Zeit nie unsere Zeit. – Und ob wir rückwärts, ob wir vorwärts schauen, / und ob uns Freude schüttelt oder Grauen: / Er war und ist. Und er wird ewig sein: / Wir aber schreiten durch Ihn aus und ein. **Amen.**

* * *

„Der Mut der Spatzen“ - Predigt zu Johannes 12,12-19
Ev.-luth. Marienkapelle Hannover-Wülferode
01. April 2007 - Palmsonntag

Wussten Sie, liebe Gemeinde, dass Carl Zuckmayer auch Gedichte geschrieben hat?[1] Bisher kannte ich ihn nur als Autoren von >Der Hauptmann von Köpenick<, >Des Teufels General< und der >Fastnachtsbeichte< - sowie von einem intensiven Briefwechsel mit dem Theologen Karl Barth aus späten Lebensjahren. Aber 1926, ein Jahr nach seinem ersten großen Erfolg mit >Der fröhliche Weinberg<, hat er den Gedichtzyklus >Der Baum< veröffentlicht. Darin steht auch das >Lob der Spatzen<.

Ein „Gelegenheitsgedicht“. Ich stelle mir vor, wie Carl Zuckmayer zwischen zwei Theaterproben in Berlin in einem Café in der Nähe des Theaters am Schiffbauerdamm oder Unter den Linden sitzt, einen Kaffee trinkt, Zeitung liest und bei einem kurzen Blick nach draußen einen Spatzen am Straßenrand sieht, der einige Körner aufpickt und sich anschließend in einer Straßenpfütze badet - da kritzelt er schnell diese Verse auf ein Blatt Papier:

Grau mit viel Braun und wenig weißen Federn, / das Männchen auf der Brust mit / schwarzem Fleck. / Sie leben unter Palmen, Fichten, Zedern / und auch in jedem Straßendreck.

---

[1] Die Anregung zu dieser Predigt stammt von Michael Meyer-Blanck: Leben im Rinnstein - Carl Zuckmayers „Lob der Spatzen“, in: Heike Krötke (Hg.): „Ein Wort - ein Glanz, ein Flug, ein Feuer…“. Theologen interpretieren Gedichte (Wolf Krötke zum 60. Geburtstag), Stuttgart 1998, S. 172-182.

In Ingolstadt und in der City Boston, / am Hoek von Holland und am Goldnen Horn / ist überall der Spatz auf seinem Posten / und fürchtet nicht des Schöpfers Zorn.

Inmitten schwarzer Dschungeln von Fabriken / und totgeladner Drähte kreuz und quer / sieht man die Spatzen flattern, nisten, brüten, mausern, picken, / als wenn die Welt ein Schutzpark wär!

Es stört sie nicht der Lärm der Transmissionen / und keineswegs das Tempo unsrer Zeit / - sie leben (schnell und langsam) seit Äonen, / wo sie der Himmel hingeschneit.

Als Jesus über Gräser, Zweige, Blumen / einritt und alle „Hosianna" schrien, / da pickt ein Spatz gemächlich gelbe Krumen / aus dem noch warmen Mist der weißen Eselin.

Herr, gib uns Kraft und Mut wie Deinen Spatzen, / mach unser Leben ihrem Rinnstein gleich. / Dann mag, wer will, von edlern Tauben schwatzen, / denn unser ist dein gutes Erdenreich.

Aufbau und Sprache dieses Gedichtes sind einfach: ein Kreuzreim im fünfhebigen Jambus. Die ersten drei Strophen erzählen, was Spatzen, diese gewöhnlichsten aller Vögel, so tun, wo überall man sie findet und wie unbekümmert sie sind: „...und fürchtet nicht des Schöpfers Zorn." - und: sie verhalten sich inmitten von Gefährdungen „...als wenn die Welt ein Schutzpark wär." Unbefangen und unbekümmert akzeptieren die Spatzen ihren Lebensraum wie er ist. Sie zun nichts anderes als zu leben. Davon ist dann in der vierten Strophe die Rede: Auch das Tempo moderner Technik und der Lärm moderner Städte lässt sie unberührt.

Über soviel schlichte Natürlichkeit habe ich beim ersten Lesen doch milde gelächelt. Aber dann erschrak ich doch, als ich las und mir klar machte, in welchem Umfeld Carl Zuckmayer diese Verse gerade *so* geschrieben hat. Seit Mitte der zwanziger Jahre wurde er, nur weil ein Teil seiner Vorfahren Juden waren, von der Rechts-, besonders der Nazi-Presse als „Schweinigel" beschimpft. >Der Hauptmann von Köpenick< wurde als „Rinnstein-Literatur" tituliert. Es wurden, wie zu allen Zeiten, in denen sich der Faschismus ankündigt, in krasser Schwarz-Weiß-Malerei Gegensätze gebildet: Natürlichkeit gegen Technik, Lebendigkeit gegen Mechanik, Geist gegen Materialismus, Reinheit gegen Schmutz, Lebenswertes gegen Lebensunwertes.

Es ist also genau bedacht und gezielt, wenn Carl Zuckmayer es eben unterlässt, über die Unwirtlichkeit der Gegenwart zu lamentieren und die moderne Welt der technisierten Städte schlechtzumachen. Im Gegenteil. Statt fundamentalistischer Reinlichkeits-Rhetorik macht er im Spatzengedicht Straßendreck, Mist und Rinnstein zu positiven Lebensorten. Dahinter steckt keine hochreflektierte Theologie, aber doch eine Treue zu elementaren biblischen Aussagen.

Auch die Bibel stellt allem, was dann in aller Zweideutigkeit und - wie vor allem der Mensch - in aller Zwielichtigkeit gesehen werden muss, eine bejahende Grundaussage voran: *Und Gott sah an a l l e s, was er gemacht hatte, und siehe, es war sehr gut* (1. Mose 1,31).

So sieht Carl Zuckmayer das, was das Leben wirklich ausmacht, dem Zugriff eines machtbesessenen Menschentums, das seine Verlogenheit, Unmenschlichkeit und darin seine Unnatürlichkeit nur noch eine Zeit lang wird verbergen können, entzogen: Es ist letztlich doch in Händen Gottes - wie es in Psalm 24 heißt: Die Erde ist des HERRN und was darinnen ist, der Erdkreis und die darauf wohnen.

Damit bin ich bei der eigentümlichen Wende, bei dem Sprung von Strophe 4 zu Strophe 5. Vorbereitet durch die Zeile „...wo sie der Himmel hingeschneit“, entführt uns dieses Spatzengedicht in eine andere Zeit, an einen anderen Ort, nimmt uns hinein in ein Geschehen, in dem sich Göttliches im Menschlichen erschließt, in den ersten Palmsonntag, von dem wir im Evangelium vorhin gehört haben:

Jesus zieht ein in Jerusalem, in die Heilige Stadt, empfangen wie ein König mit Palmwedeln und Lobrufen. Ein Akt der Lebensfreude und Lebensbejahung. Wie aber Jesus selbst nicht hoch zu Ross, sondern tief zu Esel kommt und damit das wirkliche Leben anders als in prächtiger Machtentfaltung sucht und bringt, erleben auch wir es in Zuckmayers Gedicht ganz von unten, eben aus Spatzensicht: „...da pickt ein Spatz gemächlich gelbe Krumen / aus dem noch warmen Mist der weißen Eselin.“

Hier wird angespielt auf die Matthäus-Fassung, dem Evangelium zum Ersten Advent. Wir haben die Johannes-Fassung gehört. Aber das macht hier keinen Unterschied. Denn immer ist der König, der hier kommt, ein Anti-König: erst im Hosianna... in den Himmel erhoben, dann im Kreuzige ihn... in den Dreck geworfen - in den Dreck, in dem der Spatz schon ist und woraus er, obwohl das ganz unappetitlich, uns ganz und gar zuwider ist, Lebenskraft bezieht. Wie auch - und hunderte Generationen von Christenmenschen haben daraus Kraft und Trost genommen - das Kreuz als Ort ganz unten, als Todespfahl zum Lebensbaum wurde.

Noch mehr überrascht hat mich und noch mehr gibt mir zu denken, dass Carl Zuckmayers nun wirklich höchst irdisches Spatzenlob in ein Gebet mündet: Herr, gib uns Kraft und Mut wie deinen Spatzen, / mach unser Leben ihrem Rinnstein gleich. / Dann mag, wer will, von edlern Tauben schwatzen, / denn *unser* ist das *Erdenreich.*

Unverkennbar orientiert sich der Dichter hier an Jesus. Wie Jesus den Sanftmütigen das Erdreich zuspricht und wir im >Vaterunser< *Dein Reich komme* bitten - reklamiert er Gottes Erdenreich für diejenigen, die allem „Herrenmenschentum“ widerstehen. Auf diese Weise stellt er die wirkliche, viel schlimmere „Schweinigelei“ bloß!

Straßendreck, Mist, Rinnstein, Erdenreich - bei Zuckmayer werden sie gleichsam zu anerkannten Lebensorten. Diese Lebensorte der Spatzen werden auch dem Menschen zugewiesen. Um diese Lebensorte wird Gott im Gebet angerufen, und die Mist-Perspektive ist es, aus welcher der Spatz die Passion Jesu miterlebt. Eben diese Perspektive wird den Leserinnen und Lesern gleichfalls nahegelegt. So unterläuft Zuckmayer die üble, haltlose Kritik, sein Werk sei „Rinnstein-"Literatur.

Damit berührt sich das Spatzengedicht auf eigentümliche Weise mit einer Kernaussage des christlichen Glaubens, wie sie insbesondere im Johannes-Evangelium entfaltet ist: In Jesus Christus ist Gott ganz Mensch geworden, ganz hineingegangen in unser wirkliches Leben, in den Dreck der Welt - wie der Hügel Golgatha, die Schädelstätte, ein abstoßender Ort war.

Oder um es noch einmal ganz von Zuckmayers Spatzenlob her zu sagen: Die Güte von Gottes Erdenreich scheint eher an den alltäglichsten und unansehnlichen Vögeln als an den edlen auf. Straßendreck und Rinnstein, die Lebensorte von Spatzen, werden zu Orten, an denen sich Gottes Welt erschließt. *Wie des Adlers Weg am Himmel* (Sprüche 30,19), der dem Menschen aber doch unerreichbar bleibt, ist ein Wunder auch der Spatzen Leben im Rinnstein. Nicht nur der höchstfliegende, auch der niedrigste Vogel hat Raum und Recht in Gottes Welt!

Noch einmal anders gesagt: Im entstellten Antlitz des Gekreuzigten kehrt das längst Verlorene zurück: das ursprüngliche Ebenbild Gottes, der Mensch. Hier findet christliches Leben seine Orientierung. Seither haben die Wege ganz unten entlang ihre unverwechselbare Wahrheit und unüberbietbare Würde. Jesus Christus ist einen solchen Weg gegangen, den Weg ans Kreuz. Seither sind auch wir nicht allein, wenn wir einmal den Rinnstein entlang gehen müssen.

Jesus, der auf einer Eselin in Jerusalem einreitet, zeigt uns in unüberbietbarer Weise die königliche, messianische Würde dessen, der auf alles Hoheitsgehabe verzichtet. Der so erhaben ist, weil er so demütig ist. Der nur eines sein will: ein Mensch, ein Kind Gottes, das auf all seinen Wegen, auch auf seinem Leidensweg sein Vertrauen auf Gott setzt. Amen.

* * *

„La vie en rose" - Predigt zu Lukas 7,36-50
Ev. Kirchenzentrum Kronsberg Hannover
19. August 2007 - 11. Sonntag nach Trinitatis

Liebe Gemeinde!

Der Predigttext für diesen Sonntag steht bei Lukas im 7. Kapitel, Verse 36 bis 50; mit geringfügigen Änderungen lese ich ihn in der Übersetzung der neuen Zürcher Bibel, die sprachlich besonders genau ist:

$_{36}$Einer der Pharisäer aber bat [Jesus], mit ihm zu essen. Und er ging in das Haus des Pharisäers und ließ sich zu Tisch nieder. $_{37}$Und siehe, da war eine Frau in der Stadt, eine Sünderin. Als sie erfuhr, dass er im Haus des Pharisäers zu Tische lag, brachte sie ein Alabastergefäß voll Salböl. $_{38}$Und sie trat von hinten zu seinen Füßen, weinte und begann, mit ihren Tränen seine Füße zu benetzen. Und sie trocknete sie mit den Haaren ihres Hauptes, küsste seine Füße und salbte sie mit dem Balsam. $_{39}$Als der Pharisäer, der ihn eingeladen hatte, das sah, sagte er bei sich: ‚Wäre dieser ein Prophet, so wüsste er, wer und was für eine die Frau ist, die ihn da berührt, nämlich eine Sünderin.' $_{40}$Und Jesus antwortete ihm: „Simon, ich habe dir etwas zu sagen." Er erwidert: „Meister, sprich!" $_{41}$"Ein Geldverleiher hatte zwei Schuldner: der eine schuldete ihm fünfhundert Denar, der andere fünfzig. $_{42}$Da sie es beide nicht zurückzahlen konnten, schenkte er es ihnen. Welcher von ihnen wird ihn nun mehr lieben?"$_{43}$Simon antwortete: „Ich nehme an der, dem er mehr geschenkt hat." Da sprach er zu ihm: „Du hast richtig geurteilt." $_{44}$Und [Jesus] wandte sich der Frau zu und sprach zu Simon: „Siehst du diese Frau? Ich bin in dein Haus gekommen, Wasser für die Füße hast du mir nicht gegeben; sie aber hat meine Füße mit ihren Tränen benetzt und mit ihrem Haar getrocknet. $_{45}$Einen Kuss hast du mir nicht gegeben; sie aber hat, seit sie hereingekommen ist, nicht aufgehört, meine Füße zu küssen. $_{46}$Mit Öl hast du mein Haupt nicht gesalbt; sie aber hat mit Balsam meine Füße gesalbt. $_{47}$Deshalb sage ich dir: >Ihre vielen Sünden sind vergeben, denn sie hat viel geliebt; wem aber wenig vergeben wird, der liebt wenig.< $_{48}$Zu ihr aber sprach er: „Dir sind deine Sünden vergeben." $_{49}$Da begannen die Gäste untereinander zu sagen: „Wer ist dieser, dass er sogar Sünden vergibt?" $_{50}$Er aber sprach zu der Frau: „Dein Glaube hat dich gerettet. Geh hin in Frieden!"

>La vie en rose...<, liebe Gemeinde, >Das Leben – eine Rose...<.[1] Eins der großen Lieder von Edith Giovanna Gasson, genannt >La môme Piaf<: >Der kleine Spatz<, was auch >Göre< heißen kann. Der Titel des neusten Films über die >Piaf<, die mit nur 1,47 Metern Größe alle überragte. Ein bewegender Film über ein bewegtes Leben. Die Mutter eine Kaffeehaussängerin. Der Vater Akrobat. Als Kind wächst Edith einige Jahre in einem Bordell auf. Erblindet zeitweise. Mit 10 singt sie auf der Straße. Der Alkoholismus des Vaters. Die Gewalttätigkeit des Milieus. Irgendwie müssen sich alle, Frauen und Männer, prostituieren, um an ein wenig Geld und Liebe zu kommen. Mit 15 zieht Edith ohne den Vater, für eigene Kasse als Straßensängerin durch Paris. Als sie 19 ist, stirbt ihr einziges Kind, ihre Tochter Marcelle, erst 2 Jahre alt, an Hirnhautentzündung. Im selben Jahr, 1935, erscheint ihre erste Platte. Eine steile Karriere beginnt. Aber alle ihre Lieben – meist zu jüngeren Männern – bleiben unglücklich oder enden durch frühen Tod. Ab 1949 chronische Rheuma-Arthritis. Schmerzen. Medikamente in Überdosis. Alkoholexzesse. Zusammenbrüche auf der Bühne. Entziehungskuren. Sieben Operationen. Neue Auftritte. Neue Affären. Neue Ehen. Neue

[1] Vor der Predigt wurde das Lied „La vie en rose" von Edith Piaf eingespielt, nach der Predigt ihr noch bekannteres Lied „Je ne regrette rien". In den Wochen zuvor lief in mehreren Kinos in Hannover der o. g. Piaf-Film mit Marie Contillard.

Lieder. >Je ne regrette rien...: Ich bereue nichts...<. Seit Ende der 50er Jahre kennt sie die Diagnose: „unheilbarer Krebs“, also Morphiumspritzen. Dann, 1961, handelt die Piaf öffentlich mit Gott, ein letztes Mal auf der Bühne des Pariser >Olympia<, im einfachen schwarzen Kleid mit Kruzifixkette: >Mon Dieu, mon Dieu...<: „Mein Gott, mein Gott, gib mir doch noch einige Monate, Wochen, Tage der Liebe und des Lebens!“ Wie ein Psalm. Sie hat immer wieder vor der Madonna gebetet, der sie als Kind für ihre Gesundung von der Blindheit gedankt hat. Am 11. Oktober 1963 stirbt sie, 47 Jahre alt. Vierzigtausend Menschen begleiten den Sarg der Edith Piaf zum Pariser Friedhof Père Lachaise. Dort sind auch Héloîse und Abaelard beerdigt, die beiden großen Liebenden des Mittelalters, die gelehrte Nonne und der gelehrte Mönch, deren Liebe verboten wurde.

„Mon Dieu!“

Des Nachts auf meinem Lager suchte ich, den meine Seele liebt. Ich suchte; aber ich fand ihn nicht. (Hoheslied 3,1) So heißt es im Hohen Lied. Die Bibel schreibt es Salomo zu. Eine junge Frau sehnt sich nach ihrem Geliebten: *Er küsse mich mit dem Kusse seines Mundes; denn deine Liebe ist lieblicher als Wein. Es riechen deine Salben köstlich; dein Name ist eine ausgeschüttete Salbe, darum lieben dich die Mädchen.* (Hoheslied 1,2+3) Sie hat ihn gefunden – und jubelt: *...da fand ich, den meine Seele liebt. Ich hielt ihn und ließ ihn nicht los...* (Hoheslied 3,4b).

Flirrende Erotik. Das Hohe Lied singt von körperlicher Schönheit und leiblicher Ekstase. In der jüdischen Pessach-Liturgie besingt es die Liebe Gottes, der Israel aus der Sklaverei in die Freiheit geführt hat. Aufgrund dieser Verse nennen die alten Kirchenväter Jesus das „ausgegossene Salböl“, den Gesalbten, den Christus, den Messias. Dabei denken sie an die Frau, die als ungebetener Gast das Gastmahl stört, zu dem Simon ihn, Jesus, geladen hat.

Ja, diese Frau vollzieht, wovon das Hohe Lied singt. Auf ihre eigene Weise. Die aber galt als ganz und gar unanständig. Sie weint, wäscht Jesus die Füße mit ihren Tränen, löst ihr Haar auf, um ihm damit die Füße zu trocknen, die sie schließlich salbt. Alles Handlungen von besonderer Erotik und Intimität, vollzogen vor den Augen anderer. Vor allem das Füßeküssen gilt als kaum überbietbarer Liebesdienst. Doch all diese Schamlosigkeiten lassen nur einen Schluss zu: Diese Frau liebt Jesus, mit Haut und Haaren. Sie lässt nicht ab von ihm. Sie ehrt ihn als „Messias“, die *>ausgeschüttete Salbe<*, die ihrem Leben neuen Glanz verleiht, sie den Duft göttlicher Liebe genießen lässt und ihre Freude am Menschsein erneuert. Nur dass *sie* jetzt die Salbe über ihn ausschüttet.

Lukas erzählt von keiner Begegnung zwischen Jesus und dieser Frau vorher. Dennoch geschieht alles, wie es geschieht, wenn der Messias da ist. Dann geht es um alle

Sinne. Dann werden Menschen auch am Leibe heil: *Blinde sehen, Lahme gehen, Aussätzige werden rein..., Armen wird das Evangelium verkündigt.* (Lukas 7,22c) So antwortet Jesus wenige Verse vorher auf die Frage Johannes des Täufers, ob Jesus der Messias ist. Die Welt des Messias ist eine Welt gelingender Beziehungen. In ihr gibt es keine Unberührbaren mehr. Indem sie Jesus berührt, legt die Frau alle Unberührbarkeit ab, tritt aus dem Kreis der als unrein und unfein definierten Menschen definitiv aus - und Jesus gibt ihr Recht: Er lässt sich berühren! Er sagt zunächst kein einziges Wort. Die Frau spricht sogar die ganze Zeit über kein Wort. Auch von Reue: kein Wort! >Je ne regrette rien...< Nur ihre Tränen sprechen von Verwundung, Verlust, Schmerz, alle ihre Gesten aber von Liebe.

Wer ist diese Frau? Sie wird nur *Sünderin* genannt. Einen Namen hat Lukas für sie nicht, obwohl er kurz danach Maria Magdalena, Johanna, Susanna namentlich nennt und so die wichtige Rolle der Frauen um Jesus und damit in den frühen christlichen Gemeinden betont. Den exegetischen Kommentaren entnehme ich, *Sünderin* sei das Wort für „Prostituierte". So ist es. Doch Vorsicht! Sinnlichkeit ist in der Bibel eine Gottesgabe, keine Sünde. Als „Sünder" wurden auch Menschen bezeichnet, die aus ganz anderen Gründen am unteren Ende der Ehrbarkeits- und Reinheitsskala rangierten. Vorsicht vor allem vor einem Fehlurteil! Frauen, die verstoßen worden oder aus sonst einem Grund ohne Familie und deshalb mittellos waren, blieb gar keine andere Wahl als die der Prostitution. Es ist eine gemeine Tatsachenverdrehung, wenn man den betroffenen Frauen die Prostitution als persönliche Schuld zuschreibt. Der verdammte millionenfache Frauenhandel heute spricht eine andere Sprache. Von Männern am Tage verachtet und in der Nacht missbraucht – das muss aufhören, auch theologisch.

Gleichwohl beharren Dorothee Sölle und Luise Schottroff darauf, diese *Sünderin* sei tatsächlich eine Prostituierte. Ich zitiere aus ihrem Jesus-Buch:[1] „Prostitution ... war ja Alltagserfahrung der Frauen und Männer, auch der Frauen in der Umgebung Jesu. Die Tränen der namenlosen Prostituierten sollten nicht als Reuetränen einer Hure gedeutet werden (wie es üblich ist), sondern als Tränen des Leidens ohne Ausweg. ... Sie erhofft sich Heilung von ihrem Leid, Befreiung aus der fortwährenden Entwürdigung und der Gewalt, die sie erfährt." Lukas erzählt nun, „wie Jesus versucht, ihre Würde in ihrem Leben als Prostituierte sichtbar zu machen. Sie ist für ihn nicht das Stück Dreck, sondern eine kämpfende, leidende und liebende Frau. Die Liebe, die sie gelebt hat, war nicht die Hurenliebe, die Männer von ihr verlangten, sondern eine Liebe, die Gott auf die Erde holt."

---

[1] Dorothee Sölle / Luise Schottroff: Jesus von Nazaret, München 2000^{2}, S. 43f.

Wer also war diese Frau? Sie hat, so verstehe ich Lukas, Gott auf die Erde geholt, indem sie Gott auf der Erde erkannt hat: in Jesus den Christus, den Gesalbten, den Messias. Das ist die Perspektive, in der die drei ersten Evangelisten über die Jesus-Bewegung berichten: das Reich Gottes, die messianische Zeit. Er ist noch nicht erfüllt, in Jesus aber schon angebrochen: der messianische Moment, der das ganze Leben in ein anderes Licht taucht. Was soll ich da noch moralisch argumentieren, wenn mich ganz die Liebe Gottes in Jesus Christus umfängt?!

Die Frau ohne Namen hat diesen messianischen Moment gelebt. Anders als Simon, der Jesus eingeladen hat. Er ist ein Pharisäer, gehört also zu den gottesfürchtigsten und gewissenhaftesten Leuten, die wir uns vorstellen können. Auch die Pharisäer, eine echte Volksbewegung, warteten auf den Messias und sein Reich der Gerechtigkeit und des Friedens. Darum lädt Simon Jesus zum Gastmahl ein, dem Zeichen der Messiaszeit. Da passt es gut, dass die stadtbekannte Frau einfach so hereinplatzt. An ihr könnte Jesus beweisen, ob er den messianischen Durchblick hat. Jesus hat ihn nicht. Er lässt geschehen, was er niemals hätte geschehen lassen dürfen: die Liebesbeweise einer Liebesdienerin an ihm.

Doch geschickt dreht Lukas den Spieß um. Gerade Jesus hat den Durchblick, verbunden mit einem ganz neuen Blick für den Menschen. Jesus spricht aus, was Simon denkt, zugleich spricht er sich aus für die Frau. Dabei geht er mit einem kleinen Gleichnis auf Simons Denkweise ein: Zwei Menschen werden ihre Schulden erlassen, einmal ein Betrag von 500, einmal ein Betrag von 50. Wer wird einen höheren Freudensprung machen? Ohne Zweifel der, dem die zehnfach höhere Summe erlassen wurde! Da hat Simon recht. So bestätigt Jesus dem Gottesfürchtigen, Gewissenhaften, Rechtschaffenen den krassen Unterschied zwischen ihm und der stadtbekannten Frau.

Gleichzeitig lässt er Simon erkennen, dass auch der ein unverdient Entschuldeter, ein Begnadigter ist. Aber warum fällt es Simon dann so schwer, wenigstens etwas von der erfahrenen Freundlichkeit weiterzugeben? Kein Begrüßungskuss, keine Fußreinigung, wie es zu den Gepflogenheiten gegenüber Gästen gehörte! Hindert ihn, den Mann mit dem nur kleinen Schuldkonto, nun seine Rechtschaffenheit, die erfahrene Gnade weiterzugeben? Gnade bleibt Gnade. Rechtschaffenheit kann zum harten Panzer werden, Gottesfurcht und Gebotstreue die Illusion erzeugen, unverwundbar und unverletzlich zu sein. Lieben aber kann nur ein verwundbares, ein verletzliches Ich!

Wie nahe bin ich Simon? „Nimm's leicht, es war doch nur ein kleiner Fehler, der dir da unterlaufen ist! Das ist doch entschuldbar?" Ja, aber schon das ist eine Wohltat, wenn ich in den kleinen Dingen entschuldet werde!

Irgendwie, liebe Gemeinde, kommt uns dieses Gleichnis mit den Zahlenunterschieden unpassend vor. Das soll es auch. Es zeigt die Welt, in der ich lebe, in der ich rechnen und berechnen muss. Es zeigt zugleich, wie diese Welt nichts hergibt für eine angemessene Beurteilung von Menschen.

Jesus bietet Simon, bietet mir und dir eine andere Sichtweise auf das Leben an: statt von der *Sünderin* spricht er von den *Sünden.* Er unterscheidet zwischen dem Menschen und seinen Handlungen, zwischen der Person und ihrem Werk. In der Tat, bei welchem Zahlenverhältnis auch immer, stets gilt es, den Menschen als Menschen anzunehmen. Zahlenspiele sind richtig und falsch zugleich. Wer im Blick auf Menschen in Zahlen denkt, denkt in Maßstäben der Käuflichkeit - und unterscheidet sich nur graduell vom käuflichen Liebesdienst, ist im Grunde seines Herzens ein „Loddel" oder ein „Freier".

Und nun kommt es: Jesus wendet sich von Simon nicht ab, sondern bittet ihn, sich mit ihm zusammen doch der Frau zuzuwenden. Endlich wird diese Frau angesehen! Im Blick auf sie sagt Jesus zu Simon: *Ihre vielen Sünden sind vergeben, denn sie hat viel geliebt; wem aber wenig vergeben wird, der liebt wenig.* Ein schwieriger Satz. Auf dem Hintergrund dessen, wie die Frau an Jesus handelt und wie er das akzeptiert, lese ich ihn so: IHRE SÜNDEN SIND IN DER LIEBE, DIE SIE IN MIR ERKANNT HAT, AUFGEHOBEN. DESHALB KANN SIE SOVIEL LIEBE ZEIGEN. WER ABER SO RECHTSCHAFFEN IST, DASS ER MIT WENIG GNADE MEINT AUSKOMMEN ZU KÖNNEN, EMPFÄNGT WENIG LIEBE, HAT ABER AUCH NOCH NICHT WIRKLICH GELEBT.

Was heißt das im Blick auf Simon? Wer wenig liebt, lebt auch wenig! Und lebt auch an dem Leben vorbei, das es jenseits der Rechtschaffenheit gibt! Und verschläft den messianischen Moment! Denn in ihm gehört alles dazu, was zum Leben gehört, die Sittlichkeit ebenso wie die Sinnlichkeit – und mit ihr die Einsicht in meine Bedürftigkeit, meine Nacktheit, mein Entblößtsein, mein Angewiesensein auf den Anderen. In der Liebe ergänzen sich die beiderseitigen Bedürftigkeiten der Menschen, die sich lieben - und in dieser Ergänzung liegt ein Moment der Erfüllung, ein messianischer Moment. Liebe ist einzig da, wo du schwach sein kannst, ohne Stärke, ohne Gewalt herauszufordern. So ähnlich hat es der Philosoph Theodor W. Adorno in seinen ‚Minima moralia' gesagt.

Was heißt dann eigentlich „Sünde"? „Sünde" heißt dann, sei es durch Gesten oder durchs Sagen, die Worte „Ich liebe dich" unausgesprochen zu lassen. „Sünde" ist verweigerte Beziehung. Die Frau aber gibt ihre Liebe zu erkennen, sie lebt Beziehung. Daraufhin gleicht Jesu Zuspruch, mit dem er sich nun auch unmittelbar an die Frau wendet, beinahe einer Feststellung: *Dir sind deine Sünden vergeben.* Das bedeutet dann: „Du lebst nun ganz in der Liebe Gottes!"

Doch was heißt hier „Feststellung"? Die Frau wird gerade von der Fest-Stellung befreit, sie sei eine *Sünderin.* Jesus anerkannt Jesus ihr Menschsein. Er erkennt in der Frau mehr ihre Bedürftigkeit als ihr Schuldigsein - und damit ihre Liebes- und Beziehungsfähigkeit, die er im Blick auf das ganze Leben dieser Frau würdigt. Damit gerät - statt ihres vermeintlichen Vorlebens - diese Person wieder selbst, mit ihren Stärken in den Blick. Umso klarer wird, dass alle Entblößung und alle Entwürdigung ihr angetan wurden. Wie auch Jesus ein unerträgliches Maß an Entblößung und Entwürdigung hat tragen müssen! Kraft dieser Nähe hat die namenlose Frau das Leben Jesu im Angesicht des Todes gefeiert. Sie hat ihre Liebe zu ihm wortlos, aber beredt ausgedrückt. Sie hat ein unvergessliches Zeichen für die Kostbarkeit des Lebens gesetzt, wie man es sinnlicher, freudiger, dankbarer kaum denken kann.

Am Anfang die Provokation durch diese Frau. Am Ende die Provokation, die Jesus selbst auslöst: *Dein Glaube*, sagt er zu der Frau, *hat dich gerettet. Geh in Frieden!* Keine Auflagen? Keine Aufforderung, hinfort ein anderes Leben zu führen? Weder hat er nach ihrem Woher gefragt noch fragt er jetzt nach ihrem Wohin?!

Ach ja, der Simons-Geist! Ist Jesus denn ein rigoroser Gesetzgeber, ein kleinlicher Kontrolleur der Rechtschaffenheit, ein Moralapostel?! Am Ende hat der Messias, hat Gott selbst das Wort – dann muss jeder Moralismus schweigen. Und die Frau lebt ja schon in der messianischen Zeit. In ihrer Hingabe hat sie Jesu Hingabe in sich aufgenommen. Das ist Wandlung genug. Sie wird den Weg jetzt selbst finden. Endlich anerkannt in ihrer Würde als liebender Mensch, wird sie nun allen würdelosen Verhältnissen und Ansprüchen die Stirn statt den Nacken bieten!

Noch zwei Fragen und dann der Schluss: Wieso endet die ganze Szene mit Worten, mit denen Wunderheilungen enden? Hier ist doch überhaupt kein Wunder, keine Heilung geschehen! Doch, die Frau ist von ihren Verwundungen geheilt worden! Doch, es ist ein Wunder geschehen: das Wunder der Liebe!

Daraus ergibt sich die Antwort auf die zweite Frage: Warum bleibt ihr Name selbst am Schluss verborgen? Simon muss einen Eigennamen, die Frau darf ihn nicht haben, jedenfalls nicht hier. Damit wir, du und ich, unseren eigenen Namen an dieser offenen Stelle einsetzen. Lukas sagt uns: Im Leben bist du immer auch wie Simon. Aber sei, wenn es um Menschen geht, wie die Frau! Auch du bist dazu bestimmt, das Wunder der Liebe zu erleben und selbst zu leben. Wo die Geschichte bei Lukas endet, will sie bei uns erst beginnen.

›Mon amour‹: „Die Erde kann vergehen, wenn die Liebe bleibt.", singt Edith Piaf mit ebenso rauchiger wie berauschender Stimme. Auch in ihrem Leben gab es messianische Momente, in denen sie diejenige sein konnte, die sie wirklich war. Für manche Menschen ereignen sich solche Momente bei großen Auftritten, in eines Simons

Haus oder im Pariser „Olympia". >Non, rien de rien. Je ne regrette rien...: Nichts, gar nichts. Ich bereue nichts.<

Doch sieh dir das Leben von Heiligen an: Jede Heilige hat eine Vergangenheit und jede Sünderin eine Zukunft! Frauen. Männer. Menschen also, die alle angewiesen sind auf Gottes Gnade, auf den messianischen Moment. Amen.

* * *

„Der Flieder duftet uns jung" - Predigt zu Römer 3,21-28
Ev. Kirchenzentrum Kronsberg Hannover
31. Oktober 2008 - Reformationsfest

Mit dem Akazienduft / fliegt der Frühling / in dein Erstaunen
Die Zeit sagt / ich bin tausendgrün / und blühe / in vielen Farben
Lachend ruft die Sonne / ich schenke euch wieder / Wärme und Glanz
Ich bin der Atem der Erde / flüstert die Luft
Der Flieder / duftet / uns jung

Liebe Gemeinde!

„Frühling". Ein Gedicht von Rose Ausländer, der bekannten jüdischen Lyrikerin.[1] Frühling am letzten Sonntag im Oktober? Kürzere Tage. Längere Nächte. Regen und Sturm. Fallende Blätter. Morgen ist der 1. November. Heinrich Heine dichtete: „Im traurigen Monat November war's, die Tage wurden trüber, der Wind riss von den Bäumen das Laub...".

Zudem: Ein Frühlingsgedicht, *dieses* Frühlingsgedicht zum Reformationsfest? Keineswegs will ich die Autorin christlich vereinnahmen. Doch ihre Worte atmen reformatorischen Geist: „Mit dem Akazienduft / fliegt der Frühling / in dein Erstaunen". Mir wird eine Grunderkenntnis Martin Luthers anschaulich: Ich lebe von dem, dem ich mich verdanke, sodass ich nur noch staunen kann. Noch klarer erkenne ich diese Wahrheit beim Lesen und Sprechen der letzten Zeilen: „Der Flieder / duftet / uns jung". Die Reformatoren sprachen vom Evangelium als vom „extra nos" und „pro nobis".

Über Kälte und Schnee im Winter kann ich mich sehr freuen. Doch vom Tag des ersten Kälteeinbruchs, mehr noch des ersten Schneefalls an warte ich auf die Fliederblüte. Inzwischen bin ich ja ein junger Alter. Aber was hält mich jung auch im Altwerden? Das kann ganz viel sein. Alles das verdichtet sich für mich im Bild von dem „Flieder", der mich „jung duftet". Der Flieder ist es, von dem alles ausgeht. Sein Duft weht mich an. Ich kann ihn nur einatmen. Ob ich will oder nicht: *er* erreicht mich. Der Kern und Stern reformatorischen Glaubens: Von außerhalb meiner selbst werde ich belebt und bewegt,

---

[1] Rose Ausländer: Mutterland / Einverständnis. Gedichte, Frankfurt/M. 1982, S. 82

wird mir Leben und Liebe zugeeignet und zu Eigen - und bleibt doch ein unverwechselbar Eigenes und ganz Anderes.

Und was ist „Gnade", Grundimpuls des Glaubens, anderes? Der atheistisch-marxistische Pariser Philosoph Alain Badiou schreibt in seinem Paulus-Buch: „Gnade ist das Gegenteil des Gesetzes, insofern sie das ist, was kommt, ohne geschuldet zu sein."[1] Was kommt, ja schon ist, ohne geschuldet zu sein, ist die Schöpfung mit ihren Gaben: „...und das alles aus lauter väterlicher, göttlicher Güte und Barmherzigkeit, ohn all mein Verdienst und Würdigkeit...". So deutet Luther von seinem reformatorischen Grundimpuls aus, verdichtet in dem vierfachen „Allein": „allein aus Gnaden, allein aus Glauben, allein um Christi willen, allein die Schrift", schon die Schöpfung als ungeschuldet gegeben, mit allem, was aus ihr gestaltet wurde.

Was aber ist uns im Glauben geschenkt, ungeschuldet? Die „Gerechtigkeit" Gottes. Nach Luther nicht die „Gerechtigkeit", die wir vor Gott erbringen müssten, sondern die „Gerechtigkeit", mit der Gott uns „gerecht macht". Oh, ein bedeutungsschwerer Satz, wie es theologische Aussagen so an sich haben. Ich verstehe ihn so: Manchmal muss ich mich zurecht machen. Von Zeit zu Zeit ist das nötig. Vor allem, wenn ich Unrechtes getan habe. Das kommt öfter vor, als mir lieb ist - und häufiger, als ich selbst es merke. Dann aber sehe ich „ganz alt aus". Weder Schmuck noch Kosmetik, weder schicke Kleidung noch wohlriechende Sprays helfen dann noch. Umso mehr brauche ich, um im lyrischen Bild zu bleiben, den „Flieder", der mich „jung duftet".

Unser Leben ist Angesprochensein - und dann erst eigenes Sprechen. Der Aktivität geht die Rezeptivität voraus. Das Wort, das mich tröstet, die Hand, die mich aufrichtet, können nur von jemand Anderem kommen. Und erst recht: Vergeben kann mir nur, wem ich etwas angetan habe. Dann muss ich zurecht gebracht *werden*. Im Letzten und Tiefsten durch Gottes „Gerechtigkeit". „Gerechtigkeit" bedeutet „Gemeinschaftstreue", Vertrauen in die bestehende Beziehung, auch wenn sie auf der einen Seite fallengelassen wird: Festhalten am Band des Lebens, am Bund der Liebe, Treue eben.

In seinem Leben, Sterben und Auferstehen hat Jesus, den wir den Christus, den Gesalbten nennen, diese Treue an den Tag gelegt, in diesem Vertrauen an Gott festgehalten, bis zur Hingabe seines eigenen Lebens. Jesus hat Gott gleichsam hineingezogen in sein Leiden und seinen Tod. Seither ist auch in dem, was wir als tiefste Gottesferne erleben, Gottes „Gemeinschaftstreue" mit dabei. So finden wir in Jesus dem Christus die „Gerechtigkeit" Gottes. „Was müssen wir also tun, um ‚gerecht gemacht' zu werden, um Gott recht zu sein? Nichts sonst, als zu glauben, dass Gott uns durch Jesus Christus ge-

[1] Alain Badiou: Paulus. Die Begründung des Universalismus, Zürich 2009[2], S. 147

recht gemacht hat."[1] Alles kommt darauf an, Jesus, dem Gesalbten Gottes, zu vertrauen. Glauben ist Vertrauen. Unser Halt! Und ein Blick über den Tag hinaus, im Leben wie im Sterben! So gehört auch dieses dazu: „Vertraut den neuen Wegen…" (EG 395): Vertrauen als empfangene Gabe, nicht als von uns erbrachte Leistung. Solches Vertrauen hält auch in dem, was unhaltbar ist, hält noch im freien Fall. Dieses Christusvertrauen gibt meiner Seele Trost und meinem Leben Richtung!

Warum aber kommt es gerade auf Person und Werk Jesu Christi an? In ihm ist die Ganzheit von Gottvertrauen und Gottestreue. So haben wir durch ihn teil an der Ganzheit eines Lebens, die uns selbst unerreichbar ist. Das Erstaunliche ist: Jesus hat diese Ganzheit erlangt, indem er gängige Ganzheits- und Vollkommenheitsideale aufgab und sein noch unvollendetes Leben hingab. Und sich dem anvertraute, der allein „ganz" zu nennen ist: Gott. Auf diese Weise offenbart sich in ihm „Gerechtigkeit" als „Gemeinschaftstreue". Zugleich offenbart sich durch ihn im Lebensfragment die Lebensfülle. In der Kraft des Vertrauens Jesu Christi wird der Sinn meines Lebens unabhängig von der Intaktheit meiner Sinne!

Nun, liebe Gemeinde, Predigten am Reformationsfest haben immer etwas sehr Grundsätzliches. Es ist anstrengend, sich immer wieder der Grund-Sätze des Glaubens zu vergewissern. Wie in Stein gemeißelt steht Luthers mehrfaches „ohne" und „allein" als Grund-Satz der Reformation und des Protestantismus da. Der soll stehen bleiben. Doch durch Luthers Zuspitzung auf das „ohne des Gesetzes Werke" und „allein durch den Glauben" ist seine Übersetzung von Römer 3 Verse 21 bis 28 einem starken Missverständnis ausgesetzt, bis hin zur Judenverachtung.

Martin Luthers sehr persönliche Frage war bekanntlich: „Wie bekomme ich einen gnädigen Gott?" Alle seine religiösen Übungen als Mönch führten ihn in eine immer tiefere Verzweiflung: Seinen „Werken" fehlte immer etwas an Reinheit und Vollkommenheit, sie ließen ihn unerfüllt - und die „Sünde" noch größer erscheinen. Da war es für ihn eine Befreiung, als ihm aufging: Gottes „Gerechtigkeit" ist keine fordernde, sondern eine schenkende, sie bringt zurecht und macht gerecht. Gnade eben: das Ungeschuldete. Zu dieser Erkenntnis und Erfahrung wollte Luther die ganze Christenheit führen. Darum wandte er sich so scharf gegen die „Werkgerechtigkeit". Die erblickte er vor allem in der Bußpraxis der römisch-katholischen Kirche seiner Zeit, die damals in der Ablasspraxis nach dem Prinzip „Gnade gegen Geld" verfuhr. Damit unterwarf sie den Glauben dem

---

[1] Klaus Wengst: Predigt zu Römer 3,21-28, in ders.: Dem Text trauen. Predigten, Stuttgart 2006, S. 135; vgl. zur Auslegung insgesamt neuerdings Klaus Wengst: „Freut euch, ihr Völker, mit Gottes Volk!" Israel und die Völker als Thema des Paulus - ein Gang durch den Römerbrief, Stuttgart 2008, S. 189-204. Mit meiner eigenen Übersetzung (siehe weiter unten) folge ich weitgehend der seinen und schließe mich in Vers 22a der Lesart als genetivus subiectivus an: „…die Treue des Gesalbten Jesus" (so auch Wolfgang Stegemann in den aktuellen Predigtstudien zur Stelle).

Gesetz der Käuflichkeit. Diese „Werkgerechtigkeit“ sah er bereits im Judentum angelegt. So übersetzte er Tora („Moses und die Propheten“) mit „Gesetz“ statt richtiger mit „Weisung“. Schon Paulus hatte ja das griechische Wort „nomos“, „Gesetz“, für die Mose-Tora verwendet. Und so sah Luther seine eigenen Erfahrungen bei Paulus vorgebildet.

Aber wendet sich Paulus tatsächlich vom Judentum ab? Im Gegenteil. Andere Stellen im Römerbrief, z. B. die Kapitel 9 bis 11, zeugen von Paulus' Treue zum Judentum, zu „Moses und den Propheten“. Ihm ging es weniger um die „Frage nach dem gnädigen Gott“ als um die Frage, wie die nicht-jüdischen Völker Anteil an dem Israel verheißenen Heil bekommen könnten. Paulus war überzeugt: Ohne erst Juden werden zu müssen, könnten auch die Völker der „Gemeinschaftstreue“ Gottes durch das Gottvertrauen und die Gottestreue des Gesalbten Jesus teilhaftig werden. Eben das, sagen jetzt namhafte Ausleger, sei die Pointe von Römer 3. Zumal ja schon die Tora immer wieder von Gottes Treue und Barmherzigkeit jenseits der religiösen und moralischen Leistungen spricht. Es hat sich noch keine verbindliche neue Übersetzung durchsetzen können. Deshalb wage ich einmal eine eigene, Möglichkeiten zur Missdeutung zumindest einschränkende Übertragung - mehr eine Paraphrase als eine wortgenaue Übersetzung, aber doch einigermaßen nahe am Text:

Jetzt aber ist sie ans Licht getreten, über die Tora hinaus, aber getreu dem Zeugnis von Moses und den Propheten: Gottes Gerechtigkeit! Erschienen ist sie in der Treue des Gesalbten Jesus. Wirksam ist sie für alle, die sich durch ihn zum Vertrauen in Gott anstiften lassen. Warum das alles? Ich hab's ja vorher schon gesagt: Zwischen den Menschen besteht kein Unterschied. Alle haben wir gesündigt. Alle haben wir es an der Treue zu und dem Vertrauen in Gott fehlen lassen. Alle haben wir den Glanz Gottes verloren, der uns als Gottes Ebenbilder verliehen worden war. Uns alle aber bringt Gott zurecht, macht uns zu Gerechten. Ein Geschenk! Gottes Gnade: für uns alle wahrnehmbar darin, dass der Gesalbte Jesus uns befreit hat. Ihn hat Gott zum öffentlichen Zeichen gemacht: zum Zeichen der Versöhnung durch seine Treue bis in den Tod. Unüberbietbar! So erweist Gott seine Gemeinschaftstreue und vergibt Sünden; auf sie zurückblickend erkennen wir nun, wieviel Geduld Gott mit uns hatte, dass er sie hingehen ließ. Jetzt aber, in dieser Zeit, erweist Gott seine Gerechtigkeit, indem er selbst gerecht ist und diejenigen gerecht macht, die aus der Treue und dem Vertrauen Jesu leben.

Können wir uns nun noch mit etwas rühmen? Worauf können wir Stolz sein? Was können wir für uns ins Feld führen? Ruhm und Stolz haben keine Grundlage mehr. Niemand kann sich hervortun und wir brauchen auch nichts für uns ins Feld zu führen, weder die religiöse Praxis, die die Tora fordert, noch andere Handlungen. Es ist gut, wenn wir Gutes tun, religiös und moralisch. Aber am Ende gelten Treue und Vertrauen. Erst die machen uns gerecht, durch sie holt Gott uns in seine Gemeinschaft zurück. Nach langem Nachdenken hat sich mir diese Erkenntnis erschlossen und davon bin ich nun überzeugt: Gott sagt Ja zu mir unbeschadet meiner Handlungen. Was alle - die zum Volk Israel gehören und die aus anderen Völkern kommen - trägt, ist die Treue Gottes. Auch in unserer Zeit steht Gott zu seinen Zusagen, die er einst gegeben hat durch die Tora, die Weisungen und Verheißungen von Moses und den Pro-

pheten, in unwandelbarer Treue. Die Juden erfahren Gottes Gemeinschaftstreue, seine Gerechtigkeit also, durch die Tora. Die Christen erfahren sie in der Treue Jesu, des Gesalbten.

So etwa hoffe ich, frei von Polemik gegen den jüdischen Gottesglauben, an Martin Luthers reformatorischer Grundeinsicht festgehalten zu haben. Ich formuliere sie jetzt so: Mein Lebenssinn bestimmt sich nicht aus meinen Handlungen. Bei Gott ist die Würde einer Person unabhängig von ihrem Werk. Wenn ich auch der neueren Korrektur an Luthers Auslegung folge, möchte ich umso mehr die kulturprägende reformatorische Erkenntnis stark machen.

Im 16. Jahrhundert hat dieser „doppelte Durchbruch der Reformation zur Freiheit" (Karl Ernst Nipkow) ganz neue Wege im gesellschaftlichen Leben, in Wissenschaft, Wirtschaft, Technik und Kunst gebracht: Zum einen wurde der einzelne *Christ*, der sich nun allein und ganz auf die Gnade als der entscheidenden Glaubenswahrheit gründen konnte, befreit vom Zwang einer durch eine mächtige kirchliche Institution regulierte und kontrollierte Erfüllung bestimmter religiöser und moralischer Pflichten und frei für das Tun des Notwendigen und Guten um des anderen Menschen selbst willen; dadurch wurde der einzelne Christ auch frei zu persönlicher Bildung und eigenem Urteil, selbstständiger Lebensführung und Verantwortung. Zum anderen wurde die *Welt* freigegeben an ihre eigenständige Wahrheitsfindung und Lebensgestaltung in allen „weltlichen Geschäften", die jeden Menschen zugleich zu eindringlicher Sorge für den Frieden, das Recht und das Leben selbst herausforderten. Dieser doppelte Durchbruch der Reformation war eine wesentliche Triebkraft für die neuzeitliche Lebensform mit ihren großen Freiheiten, die niemand mehr missen will bzw. wollen sollte. Sie bildet ja auch die Voraussetzung von Verantwortung. Heute jedoch haben wir, so scheint mir, einen „tipping point", einen Kipppunkt erreicht, an dem ihre Folgen die Reformation abzuschaffen drohen - und damit die in der Reformation gewonnenen Einsichten, die allein Freiheit in Verantwortung auch in Zukunft begründen können, die also gerade jetzt zum Leben und Überleben gebraucht werden. Dafür nenne ich drei Beispiele:

1. Dank der modernen Medizin werden wir immer älter. In unserer „Gesellschaft des langen Lebens" (Leopold Rosenmayr) wächst die Zahl der aktiv und selbstbestimmt Lebenden. Zugleich wächst die Zahl der hilfs- und pflegebedürftigen Menschen, zumal der Menschen mit Demenz. Umso mehr muss die Würde des Menschen erblickt werden in dem, was er / sie ist: dass er / sie ein Mensch ist, von Gott gewollt, geachtet, geliebt, unabhängig von geistigen Fähigkeiten und körperlichem Können. So gilt es wie nie zuvor, das Gegebene anzunehmen, die Rezeptivität zu achten, sich in Gnade geborgen zu wissen: in dem, was kommt, ohne geschuldet zu sein!

2. Die organisierte Verantwortungslosigkeit der derzeitigen internationalen Finanzmärkte zehrt im Namen der Freiheit die Freiheitsidee aus und verkehrt sie in ihr Gegen-

teil. Sie schafft nahezu totalitäre Abhängigkeiten: für die Kapitalbesitzer von noch mehr Rendite einerseits - für die Armen von dem flüchtigen, am Menschen prinzipiell uninteressierten Kapital der Reichen andererseits. Damit verliert die Freiheit mit ihrem Pathos ihren moralischen Sinn. Wir leben in Freiheit. Aber sind wir wirklich frei? Parolen wie „Unterm Strich zähl Ich" werte ich als pathologisch. Wirklich befreien und neu zur Freiheit in Verantwortung rufen kann uns nur jene Gnade, die ungeschuldet, aus freien Stücken, auf uns zukommt!

3. Die Reformation gab dem sich vollziehenden Zivilisationswandel hin zu einer mit Hilfe von Wissenschaft und Technik selbstgestalteten und selbstbestimmten Lebensweise einen mächtigen Schub. Heute ist es, ohne Alarmismus, nur mit klarem Blick auf die Tatsachen, längst in Sicht: „Das Ende der Welt, wie wir sie kannten" (Claus Leggewie/Harald Welzer). Der Klimawandel mit seinen Folgen verlangt von uns einen neuen Zivilisationswandel: Weg vom Beherrschen und Verbrauchen. Weg von einer Zukunft als Verlängerung der Gegenwart. Weg vom - ohnehin ständig gebrochenen - Versprechen von Glücksvermehrung durch Konsumausweitung. Wie lange wollen wir die Rechnung für unseren massiven Ressourcenverbrauch und unsere karbon-fixierte Lebensweise bedenkenlos unseren Kindern überstellen? Kein Glück der Eltern macht das Leid der Kinder wieder gut! Allerdings: Von der Tatsache, dass wir mit der - noch immer ungesicherten - Endlagerung radioaktiver Abfälle zukünftigen Generationen die Lasten unserer Lebensweise für bis zu 1 Millionen Jahren aufbürden, kommen wir *nicht* mehr los.

Bei alledem gilt es, heute für morgen richtig zu handeln, ohne dass wir die Folgen vernünftigen, verantwortlichen Handelns jemals erleben werden. Das „harte Gehäuse" Wirtschaft (Max Weber) hat inzwischen unsere gesamte Lebenswelt erfasst. Theologisch gesprochen ist es das „Gesetz", das uns fest im Griff hat. Und gerade wer verantwortlich zu handeln sich bemüht, erfährt: Ich bin niemals fehlerfrei - und auf Vergebung angewiesen. Umso wichtiger ist es, zu erkennen: Was endlich ist, kann nicht unendlich verfügbar sein. Also brauchen wir einen neuen Umgang mit der Endlichkeit. Darum ist die reformatorische Einsicht so nötig, dass wir nun einmal leben von dem, was uns ungeschuldet, geschenkweise gewährt ist. Wie anders als in Gottestreue und Gottvertrauen, in die Jesus der Christus uns hinein nimmt, können wir lernen, mit unserem Nichtwissen, unserer Vergebungsbedürftigkeit und unserer Endlichkeit umzugehen?! So ist Luther mit seiner reformatorischen Erkenntnis wieder einmal der Zeit voraus, *unserer* Zeit.

„Sünder" zu sein heißt, den „Glanz" der „Gottebenbildlichkeit" verloren zu haben. Also geht es darum, diesen „Glanz" wieder ausstrahlen zu können. Deshalb wage ich für heute, das Reformationsfest 2010 an diesem grauen Herbsttag, eine ungewöhnliche Verknüpfung und Deutung: Gottes „Gerechtigkeit" ist wie die Sonne, von der Rose Ausländer dichtet: *Lachend ruft die Sonne / ich schenke euch wieder / Wärme und Glanz.* Amen.

* * *

„My way“ - Predigt zu 1. Timotheus 3,16
Ev.-luth. Johanniskapelle Hannover-Bemerode
24. Dezember 2008 - Heiligabend

MY WAY, liebe Gemeinde, I did it my way:[1] Für den Bühnenstar fällt der Vorhang. Der allerletzte. Er tritt ab - und resümiert noch einmal sein Leben. Er hat erlebt, was ein Mensch nur erleben kann. Alles. Auf allen Straßen und Wegen. Er hat viel zu bereuen. Doch eigentlich bereut er nichts. Er steht auch zu dem, was schief gelaufen ist. Er ist eben seinen Weg gegangen. I did it my way:

Alles durchgezogen. Oft einen viel zu großen Happen genommen. Aber alle Zweifel erst heruntergeschluckt, dann ausgespuckt. Allem getrotzt und standhaft geblieben. Vorbei die Tränen. Jetzt nur noch Lachen, ohne Hemmungen. Schläge eingesteckt, doch immer gesagt, was er gefühlt hat. Nie Befehlen anderer gefolgt. Und keine Geheimnisse gehabt - das ist das Geheimnis seines Lebens. I did it my way.

Ein Song, der einem Mann die Tränen in die Augen treibt und der ihn doch stolz macht. Mit der Stimme von Frank Sinatra, der diesen Song tausendfach sang, zu einer Mischung aus einsamem Reiter und Lebemann. Zwischen – die Älteren erinnern sich vielleicht noch – John Wayne, dem Westernhelden, der mit seinem Pferd und seinem Colt verheiratet ist, und Cary Grant, dem Party- und Frauenhelden, der jeder Schönen in den Armen liegt, dem sie aber alle fremd bleiben.

Ein ganz und gar profanes Lied. Obwohl, von Paul Anka, einem der Songschreiber, gesungen, klingt noch Gospel-Tradition durch. Und so hat es Jan Kristof eben interpretiert.

Einer der biblischen Texte für Heiligabend ist auch ein Song, nun, wohl besser: ein Lied, eine Hymne der frühen Christenheit, nicht nur von Männern gesungen, auch von Frauen, die in der Gemeinde - wie Maria Magdalena, die erste Auferstehungszeugin - eine wichtige Rolle spielten. Die Poesie dieses frühchristlichen Liedes wird nur im griechischen Urtext deutlich, im Deutschen wirkt es eher umständlich:

Gross ist das Geheimnis des Glaubens: Er, der offenbart wurde im Fleisch, gerecht gesprochen im Geist, geschaut von den Engeln, verkündigt unter den Völkern, im Glauben erkannt in aller Welt, aufgenommen in die Herrlichkeit. [1. Timotheus 3,16 nach Zürcher Bibel 2007]

ER - das ist Jesus Christus. Was ist das Geheimnis seines Lebens? „Da liegt es, das Kindlein, auf Heu und auf Stroh...“. Ja, wie denn? In „Windeln gewickelt“, sonst

[1] Dieser bekannte Song von Paul Anka und Frank Sinatra wurde, begleitet von Eelco Herder, vor der Predigt gesungen von Jan Kristof Schliep (Dipl.-Operntenor [Solo] am TfN Niedersachsen).

„nackt und bloß“. In einem Viehstall ohne Wände. In einem Futtertrog, den wir beschönigend „Krippe“ nennen, der aber nur eine feuchte Erdmulde war, aus der die Tiere ihr Futter fraßen. Erbarmungslos ausgesetzt der Witterung, hemmungslos arm. Nur wenige Stunden nach seiner Geburt mit den Eltern auf der Flucht vor den Mordbanden des Herodes. Ein Kind „mit Migrationshintergrund“.

So beginnt sein Leben. Und am Ende hat man ihn wieder vor die Tore einer Stadt geschleppt, zum Galgenhügel Golgatha, ans Kreuz genagelt. In dieser Stunde fällt nicht „the final curtain“, der letzte Vorhang, der ihm auch Schutz zur Selbstbetrachtung bietet. Als sein letzter Schrei sich seiner heiseren Kehle entringt, zerreißt der schwere Tempelvorhang, farbenprächtig und reich verziert, in Stücke.

Dadurch aber wird das innerste, das allerheiligste Geheimnis sichtbar. Das Geheimnis des Lebens als Geheimnis des Glaubens: Gott ist, wo die Welt am schwierigsten und schmierigsten ist, wo die ganz, ganz schweren Ruder gehen, wo es um das wahre Geheimnis des Lebens geht: um die Würde der Opfer, die Würde der Leidenden, die Würde der Liebenden. Auch die Würde derer, die hoffen auf ein Ende der Gewalt, die beten für ein Mehr an Menschlichkeit, als ob alles arbeiten nichts nützt, die arbeiten für ein Mehr an Menschlichkeit, als ob alles beten nichts hilft.

Das besingt das ur-christliche Lied mit den Worten: *...offenbart...im Fleisch, gerecht gesprochen im Geist...* In diesem Gegensatz nämlich, diesem Widerspruch liegt das Geheimnis des Glaubens, das wahre Geheimnis des Lebens: Der ganz arm dran war, in dem ist Gott uns ganz nahe. In seiner Hingabe schon in der ärmlichen und erbärmlichen Krippe wird die Liebe geboren. In dieser Liebe, die bis zum Letzten, Äußersten geht, ist aller Sinn beschlossen.

MY WAY - I did it my way. Das könnte auch über Jesu Leben als Motto stehen. Keine Befehle anderer angenommen. Gesagt, was er dachte. Schläge über Schläge eingesteckt. Freilich, SEIN Song begänne und endete mit einer kleinen, aber entscheidenden Variante: MY WAY - I did it HIS way. Denn er war auf dem Weg Gottes. Ja, auf dem Weg zu Gott: *geschaut von den Engeln, ...aufgenommen in die Herrlichkeit*. Sein Weg zu Gott aber ist sein Weg zu den Menschen. Er war also kein einsamer Reiter. Erst recht kein Lebemann.

Doch, Jesus war ein Lebemann: ein Mensch, der das Leben anderer wollte. Das war SEIN Weg. Darin war er anders:

Rief Kinder zu sich, die andere wegschicken wollten. Gab der Frau am Brunnen, die Objekt ihrer Männer war, ihre Würde zurück. Half dem reichen Zolleinnehmer, sein Geld zu teilen, statt noch mehr Geld aus anderen herauszupressen. Nahm die Ehebrecherin in Schutz, die andere steinigen wollten. Berührte die Kranken, die niemandem ein gutes Wort, keinem eine helfende Hand mehr wert waren. Betete für die, die ihn verrieten, verleugneten und verurteilten. Wurde als Verbrecher gekreuzigt, obwohl er für das Recht auf Leben für alle stritt. Nahm die Schuld auf sich, als alle ihre Hände in Unschuld wuschen. Versprach den Himmel dem Mitgekreuzigten, den alle anderen zur Hölle wünschten.

Nicht erst seit heutigen Maßstäben erscheint uns sein Leben wie das eines Verrückten. Doch müssen wir, was wir für „normal" halten, nicht immer wieder verrücken, damit unser Leben ins Lot kommt?! Kann es außerhalb solcher Ver-Rücktheit, jenseits solcher Liebe überhaupt einen Sinn geben?! Jedenfalls gab, als alle dachten, jetzt ist es aus mit ihm, jetzt hat er verloren, Gott ihm Recht und fing ihn auf. Seither erweckt sein Lebensgeist Menschen zu Glaube, Hoffnung und Liebe. Auf diesem Weg, so ganz anders, vertritt er Gott bei uns Menschen und uns Menschen bei Gott. He did it HIS way.

In letzter Zeit gibt es wieder literarische Kampagnen für den Atheismus und gegen alles Religiöse. In seinem Buch „Der Gotteswahn" verlangt Richard Dawkins: Im Namen von Rationalität und Humanität müssen alle Religionen als illusionärer Wahn entlarvt und abgeschafft werden.

Ich habe allerhöchste Achtung vor Menschen, die einen atheistischen Standpunkt vertreten. Sie sorgen dafür, dass die Religionen in ihren Auswüchsen kritisch betrachtet werden. Auch das Christentum muss davor bewahrt werden, den Glauben, der Grundvertrauen ins Leben und in die Liebe ist, mit einer Weltanschauung zu verwechseln, die anderen ihre Wahrheit abspricht. Als glaubender Mensch darf ich die Gewissheitserfahrung, die mir zuteil wird, nicht zu absoluten Geltungsansprüchen missbrauchen.

Wer sich nämlich wirklich auf Gott einlässt, weiß, dass sich die Existenz eines Gottes mit rationalen Mitteln weder beweisen noch bestreiten lässt. Diese Einsicht braucht der Glaube, um sich nicht Gott dienstbar zu machen, sondern Lebens- und Liebeswagnis zu bleiben. Einen Gott, den es gibt wie einen Tisch oder den Bodensee, gibt es nicht.

Doch auch die Nichtexistenz Gottes lässt sich mit rationalen Mitteln eben nicht beweisen. Wer das getan haben will, überzieht das Konto seines Verstandes ebenso wie der, der die Existenz Gottes bewiesen haben will. Gleichwohl geht das Ja immer dem Nein voraus, sonst gäbe es die Welt nicht. Rein logisch betrachtet, weil das Denken immer von etwas ausgeht, das schon ist, und auf ein Ergebnis setzt, liegt die Existenz Gottes näher als die Nichtexistenz. Zumal dieses seit Kurt Gödel längst Sachstand moderner Logik ist: Es gibt kein rationales System, das sich vollständig aus sich selbst begründen kann. Selbst rationale System bleiben unvollständig.

Doch mag man aus dieser unbestreitbaren vernünftigen Einsicht unterschiedliche Folgerungen ziehen. Für fragwürdig halte ich Dawkins' „Gotteswahn"-These aus einem anderen Grund: Ein Wahn ist eine Krankheit. Die müsste man heilen. Tatsächlich wäre die logische Konsequenz die Notwendigkeit, diesen Wahn zu beseitigen. Aber wollen wir am Ende bei biologischen, genetischen Eingriffen landen? Oder in einem riesigen Umerziehungsprojekt? Wollen wir solchen „Vernunftwahn"? Wollen wir, dass die einen Menschen besser wissen, was Menschsein ist, als die anderen? Wollen wir, dass sich Menschen wieder als Götter - und seien es Götter der Vernunft - gegenüber anderen Menschen gebärden? Das wäre wohl das Ende der Menschlichkeit und der Freiheit!

Gott, wie der christliche Glaube ihn versteht, geht einen anderen Weg. Gott wird Mensch, damit wir Menschen bleiben. Damit wir unsere Menschlichkeit wiedergewinnen, wo wir sie verloren haben. Das christliche Gottesbild wird geboren im Stall von Bethlehem: im Antlitz des schutzbedürftigen Kindes in der Krippe; des Erwachsenen, der auf der Seite aller Mühseligen und Beladenen steht; des Mannes am Kreuz, der selbst Verlorenheit und Verletzlichkeit erlebt und getragen hat.

Von diesem Gottesbild, das Gottes Erhabenheit in seiner Niedrigkeit erkennt, sind alle religiösen, verkitschten und verquasten, intoleranten und totalitären Gottesbilder zu kritisieren und zu reformieren. Aber immer so, dass die Liebe bei der Wahrheit und die Wahrheit bei der Liebe ist.

In seinem Schrei nach Gott steht Jesus Christus dafür ein, dass kein Täter am Ende doch über sein Opfer triumphiert. Und dass Gewalt in der Religion keinen Platz hat und haben darf. Folglich tritt die Evangelische Kirche in Deutschland in ihrer neuen Friedensdenkschrift aus dem vergangenen Jahr für einen „gerechten Frieden" als einzig verantwortbarem Weg ein.

Aber wenn ich ernsthaft nach Gott und dem Sinn des Lebens frage, ihn aber einfach nicht finden kann? Wenn mir das Leben, wie es ist, einfach nicht einleuchten will? Was ist dann: MY WAY? Eine Frage, die mir ständig unter den Nägeln brennt. Gerade als Pastor. Denn denkt bitte nicht, wie es mir neulich ein Erwachsener sagte, wer an Gott glaubt, habe es leichter. Es wird insofern vieles schwerer, weil schon die Ahnung von einem Gott eine Vision vom Guten, vom Frieden, vom Recht, vom Leben selbst erzeugt, ein Verliebtsein ins Gelingen. Und du erfährst täglich Gegenbeweise.

Doch dann blicke ich auf Jesus. ER schenkt mir auf seinem anderen, ganz eigenen Weg eine Liebe, die unbegreiflicher als alles andere ist, die darin aber einen neuen Lebenshorizont eröffnet. Darum - und nur deshalb, nur so - kann ich die Unbegreiflichkeit Gottes und die Widersprüche des Lebens aushalten. Und den Wahn ablegen, mehr als ein Mensch sein zu wollen. Halt finden selbst über den Abgründen des Lebens, die auch die Abgründe in mir sind. Einen Sinn unterstellen, der keinen Widersinn leugnen muss, aber doch durchstehen lässt, in der Gemeinschaft des Glaubens, der Hoffnung und der Liebe, in der christlichen Gemeinde.

Das ist für mich Weihnachten. Das ist für mich ein Grund zu feiern. Das gibt mir Anlass zur Freude, die mehr ist als Spaß. Die wirklich froh macht und nicht am reich gedeckten Tisch verhungern lässt.

Darin öffnet sich der Weg, zu schenken und sich beschenken zu lassen. Darin zeigt sich ein ganz eigener Weg ins Leben, den wir gemeinsam und doch unverwechselbar jede Frau, jeder Mann selbstständig und in Würde gehen können.

„I did it my way“ kann am besten sagen, wer HIS way beschreitet. Diesen Weg gleich heute, am Heiligabend, auszuprobieren, dazu lade ich ein. In Jesu Namen. Frohes Fest! Amen.

* * *

„Mensch, wo bist du?“ - Predigt zu 1. Mose 3,9
Ev. Studierendengemeinde in der Kreuzkirche Hannover
24. Mai 2009 - Exaudi

Liebe Gemeinde!

MENSCH, WO BIST DU? - lautet das Motto des 32. Deutschen Evangelischen Kirchentags, der um diese Stunde in Bremen zu Ende geht.

In Anbetracht der Navigationssysteme, die in fast jedem Auto installiert sind, und der vielerorts anzutreffenden Überwachungskameras klingt diese Frage seltsam deplatziert. Das ist unvermeidbar. Denn sie ist mehr als eine Frage nach der Orientierung im Raum.

Sie dringt durch die Jahrtausende zu uns herüber - aus dem alten Mythos vom Menschen im Garten Eden: Die Menschheit, hier dargestellt in den beiden Personen Adam und Eva, hat vom Baum der Erkenntnis gegessen. Nun wissen sie mehr. Doch nun stehen sie sich, sich selbst entfremdet, fremd gegenüber. Statt ihre FREIHEIT offen zu leben, verstecken sie sich: Adam vor Eva, Eva vor Adam - und beide vor Gott.

MENSCH, WO BIST DU? - ist deshalb auch die Frage WER BIST DU? Es geht, wie in allen alten Mythen, um eine grundsätzliche Standortbestimmung: Menschheit, wo stehst du und wohin willst du? Mensch, wohin treibt dein Leben? Beide Aspekte dieser Frage gehören zusammen, der persönliche und der gesellschaftliche. Der männliche Mensch wird nach dem Dasein bzw. Nicht-Dasein des Menschen überhaupt, der weibliche Mensch wird nach dem Tun des Menschen gefragt.

Das schon ist ja interessant, wie hier die Bibel die Rollenmuster, die wir sonst in ihr finden zu können meinen, umkehrt: Die Frau hat hier den aktiven Part, der Mann den eher passiven. Auch ist es die Frau, die zu wissen begehrt und Fragen hat, während der Mann, ohne nachzudenken, nur die Frucht verspeist. Adam erscheint hier als bloßer Mitläufer, Mitesser.

Nun, der Bibel wird ohnehin ein Verhältnis von Frau und Mann unterstellt, das sie gar nicht enthält: der erste Mensch sei der Mann gewesen. Das steht in der Bibel gerade nicht. Deshalb hier zur Klarstellung: Das hebräische Wort „Adam“ stammt von „adama“, was soviel heißt wie: „von Ackererde genommen“. „Adam“ ist also zuerst das von der Erde genommene Menschenwesen ganz allgemein, das sowohl das Frau- wie das Mannsein umfasst.

Dieses Wesen wird dann, als es selbst schläft, also ohne sein Zutun, geteilt. Nach dieser Teilung erkennt das eine Menschenwesen das andere im Sinne des Frau- und des Mannseins. Denn „Adam“ als das von Erde genommene Wesen ruft zuerst - Herder hat diesen Ruf als „jauchzende Bewillkommnung“ bezeichnet - das Wort für „Frau“ aus: „ischa“; so gilt das erste Wort der Frau. Dann erst spricht die eine Hälfte des Menschen von sich selbst als „isch“, als „Mann“. Lesen wir genau, gibt es den Mann erst in dem Moment, in dem es die Frau gibt!

„Wann ist der Mann ein Mann?“ - fragt Herbert Grönemeyer bekanntlich in einem Lied. Die minimalistische Antwort des uralten Mythos wäre: Niemals bevor er das Frausein erkennt und anerkennt.

Damit bin ich wieder bei der Bibel. Der alte Mythos spricht keineswegs von einem Vorrangverhältnis, sondern von einem fein verwobenen Bezogensein aufeinander, das sich jeder platten Aufteilung entzieht und erst recht keine Wertung zulässt. Wer Menschenantlitz trägt, ist Gottes Bild!

MENSCH, WO BIST DU? Das wäre schon eine angemessene Standortbestimmung für das Menschsein, befreiten wir das Mann- und Frausein aus der Wertungsfalle endgültig und praktizierten wir die biblisch grundgelegte Gleichrangigkeit von Frau und Mann tatsächlich!

In diesem Zusammenhang erinnere ich, weil gestern vor 60 Jahren unser Grundgesetz verkündet wurde, an die Rechtsanwältin Elisabeth Selbert, die im Parlamentarischen Rat - zusammen mit den 3 anderen Frauen Friederike Nadig, Helene Weber und Helene Wessel - die 61 männlichen Mitglieder in beinahe letzter Minute dazu gebracht hat, in das Grundgesetz den schlichten und an sich selbstverständlichen Satz hineinzuschreiben: „Männer und Frauen sind gleichberechtigt.“

MENSCH, WO BIST DU? Um zu verstehen, was diese Frage bedeutet und wonach sie uns fragt, werfe ich einen etwas genaueren Blick auf das, was da in der Bibel wirklich steht.

Was da wirklich steht bzw. nicht steht, drängt zunächst einmal auf eine Korrektur der herkömmlichen Deutung des ganzen Garten-Eden-Mythos. Der 2. Teil, den wir mit dem 3. Kapitel des 1. Mose-Buches beginnen lassen, ist überschrieben mit dem Wort: „Der Sündenfall". Diesen Titel halte ich für einen «Sündenfall» der theologischen Tradition. Denn in der ganzen Erzählung kommt weder das Wort «Sünde» noch das Wort «Fall» vor - und auch nicht die Worte «Schuld» und «Strafe»! Sollte es um etwas ganz anderes gehen?

Einer Antwort auf diese Frage kann ich mich erst nähern, wenn ich mich darauf einstelle: Es gibt keine eindeutige und auf ewig feststehende Übersetzung und Deutung. Konkret zu unserer Bibelstelle: Mit „Wo bist du?" übersetzen wir die Wortverbindung <ajjäkka>. Das heißt wörtlich einfach nur: „Dein Wo?" oder „Wo du?". Mehr gibt dieser kurze Nominalsatz, ein Fragepronomen mit einem Suffix der 2. Person masculinum, aus sich selbst nicht her. Über die Zeitform sagt er ebenfalls nichts. Wir müssen im Deutschen ein Hilfsverb einfügen und entscheiden, was gemeint sein soll: Gegenwart, Vergangenheit oder Zukunft. <Ajjäkka>: „Wo bist du?" - „Wo warst du?" Grammatisch möglich wäre auch: „Wo wirst du sein?"

Linguistische Spitzfindigkeiten? Es geht um die Sache selbst - und in ihr steht auf dem Spiel, was Menschsein wirklich ist. Um nicht mehr und nicht weniger als um unsere FREIHEIT - darum geht es. Denn gerade hat das Leben begonnen, da wird schon dieses Gut, das vielleicht sogar höher steht als das Leben selbst, höchster Gefahr ausgesetzt.

Eingangs deutete ich es schon an: Die beiden Menschen, die für die ganze Menschheit stehen, haben sich gerade die FREIHEIT genommen und schon verstecken sie sich. Sie verbergen sich, verleugnen ihre FREIHEIT. Eine tiefe Scham ist über sie gekommen oder hat sie von Grund auf erfasst. Nun sind sie „klüger", zumindest aufgeklärter, aber umso desorientierter. Denn sie haben ihre Nacktheit erkannt. Die Nacktheit und die Scham - das sind die beiden Schlüsselbegriffe in diesem Mythos! Mit ihnen beginnt dieser Teil und um sie geht es auch gegen Ende der Erzählung.

So muss ich zurückblicken auf die eigentliche Ursache für die Frage. Da war der „Schlang" - ja, „Schlange" ist im Hebräischen ein männliches Wort: <nachasch> -, und der Schlang ist ein nacktes Tier, nackt wie der Mensch. Der Schlang ist „klüger" - Luther übersetzte: „listiger"- als alle anderen Tiere. Für hebräische Ohren klingt das wie ein Wortspiel: „nackt / arom" und „klug / nawon". Die List des Schlang besteht in einer winzigen Verschiebung der Wahrheit, Gott habe das Essen von allen

Bäumen untersagt. Dem widerspricht Eva wahrheitsgemäß: nur der Baum der Erkenntnis sollte tabu sein. So beginnt Eva, Gott zu verteidigen. Mit nichts als der Wahrheit. Doch das hat zwei Folgen. Zum einen: Wer Gott verteidigt, stellt sich Gott gleich, wenn nicht ein klein wenig höher. Zum anderen: Evas Blick wird von der großen Freiheit im Garten Eden weg zu der kleinen Begrenzung hin gelenkt: von dem vielen Erlaubten zu dem einen Versagten, dem Baum der Erkenntnis. Nun wird nicht die Weite des Gartens, sondern seine Grenze zur ganzen Wirklichkeit! Wie beim Tunnelblick!

Den öffnet wieder die Frage in der Vergangenheitsform: „Mensch, wo warst du?" Mit anderen Worten: „Warum hast du deine Freiheit ausgeblendet?" Das ist vor allem die Frage an den Mann-Menschen, wo er denn war, als der Schlang die Frau bedrängte. Er hätte doch die Freiheit gehabt, ihr zur Seite zu stehen.

Sie fragt noch weiter, hinein in eine andere Dimension - und damit sind wir ganz tief drin in der Geschichte. Indem sich die beiden Menschen die letzte Freiheit genommen haben, erkennen sie ihre Nacktheit. Wer vom Baum der Erkenntnis isst, weiß um „gut und schlecht", heißt es. „Gut und schlecht" aber meint nichts Moralisches, sondern das Ganze. Dann hieße, nach dem Mythos, um das Ganze zu wissen, seine Nacktheit zu erkennen - und sich zu schämen.

Ich überlege einen Augenblick, was das für die Erkenntnistheorie bedeutet. Mindestens dieses: Erkenntnis ist stets un-abschließbar, sie erzeugt mehr offene Fragen als sie beantworten kann. Und Wissen kann, falsch angewandt: wie im Blick auf die Kernspaltung, erschreckende und beschämende Folgen haben.

Es geht hier also wirklich nicht um einen «Sündenfall». Vielmehr erkennen hier die Menschen, dass sie Menschen, dass sie nackt sind. Der nackte Mensch aber ist der verletzliche Mensch, der auf Schutz angewiesen ist. So erscheint im Wissen um die Freiheit das Wissen um die Verletzlichkeit und die Bedürftigkeit. Das Doppelgesicht der Freiheit!

Das Doppelgesicht - im wahren Sinn des Wortes. Denn es geht um die Blicke anderer. Und die haben mit der Scham zu tun. Die Schamröte steigt uns ins Gesicht, wenn ein anderer Mensch uns nackt sieht. Wir schämen uns vor den Blicken anderer: Wie sehe ich bloß wieder aus? Sich nur keine Blöße geben! Und wie tief beschämt bleiben Menschen, denen Gewalt angetan wurde?! Darum bedecken «man» und «woman» ihre Blöße voreinander. Und danach werden sie gefragt: „Wo warst du, Mensch?" Also: „Warum habt ihr euch, die ihr doch von einem Fleisch seid, voreinander versteckt?"

Wenn wir, was ich jetzt nicht tun kann, unserem Schamgefühl nachspürten - wir würden wohl dessen gewahr: Scham geht tiefer als Schuld. Schuld ist, auch wenn wir sie niemals ganz erfassen werden, doch insofern noch fassbarer, als sie sich als zurechenbare Tat fassen lässt; manchmal kann sie sogar verhindert werden. Scham dagegen scheint mir etwas ganz und gar Unfassbares zu sein, das ich nicht beseitigen kann; Scham ist einfach da. Bei der Schuld haben wir noch so etwas wie eine Tatherrschaft, bei der Scham ist uns die aus der Hand genommen. Darauf bezieht sich die Frage in ihrer Gegenwartsform: „Mensch, wo bist du?"

Ja, wo ist Mensch jetzt? Warum hat sich Mensch vor Gott versteckt, dem Grund seines / ihres Daseins? Nun, im letzten Freiheitsschritt, der ein erster Grenzübertritt ist, erkennt Mensch, ein Mensch und nicht Gott zu sein - und schämt sich! Auf diese Scham, der die beiden Menschen in ihrem Versteck entgehen wollten, spricht Gott den Menschen mit seiner Frage an, damit die Menschen wieder ins Freie treten und sich ihres Menschseins nicht mehr schämen.

Doch das braucht Zeit. Erst einmal versteckt Mensch sich weiter und tiefer, nämlich in der Sprache. Mit der Sprache könnten die Menschen ja Wissen und Wahrheit ausdrücken, sie benutzen sie aber, um von ihrer eigenen Verantwortung abzulenken und die Schuld zu verschieben: zuerst der Mann auf die Frau, dann die Frau auf den Schlang. Und ganz nebenbei hatte der Mann Gott schon einen Vorwurf gemacht: wegen dieser Frau, die ihm da an die Seite gestellt wurde! Gott, wie konntest du nur?! Wer ist also schuld an allem?

MENSCH, WO BIST DU? Diese Frage ist ein Ruf in die Freiheit: Der Mensch verstecke sich nicht länger, sondern stehe zu sich und übernehme Verantwortung! Die Frau stehe ihre Frau, der Mann seinen Mann – und beide stehen zueinander!

Was heißt das nun alles? Die Frage „Mensch, wo bist du?" ist kein erhobener Zeigefinger, der irgendeine Strafaktion ankündigen will. Sie spricht den Menschen auf sein Menschsein in positiver Weise an: „Du musst dich doch deines Menschseins nicht schämen!" In diesem Sinn sind das auch keine Strafen, was dann als Lebenswirklichkeit des Menschen beschrieben wird: „Du musst dich nicht schämen, wenn die Frau unter Schmerzen Kinder gebärt; sie bekommt dafür den Eigennamen „Mutter der Lebendigen", „chawwa": Eva. Du musst dich deines Verlangens und Begehrens nicht schämen. Ebenso wenig musst du dich deiner Endlichkeit, dass du sterblich bist, deiner Arbeit, die dich Schweiß kostet, die Lust und Last zugleich ist, schämen. Aber da du dich doch immer wieder schämen wirst, umkleide ich dich mit Fellen, wie mit einer zweiten Haut, damit du den Weg in die Welt, in deine menschliche Welt gehen kannst."

Ja, liebe Gemeinde, dem biblischen Mythos zufolge weiß Gott immer noch etwas mehr vom Menschen als der Mensch selbst. Darum werden Adam und Eva mit Kleidern angetan und geschützt: sie sollen, statt sich ihres Menschseins zu schämen, den

Blicken anderer und ihrem eigenen Blick standhalten. Aber der geschützte Garten ist nicht mehr der rechte Ort. Wer autonom, frei geworden ist, wer selbst entscheiden will über „gut und schlecht", wer also aufs Ganze aus ist und immer wieder Grenzen überschreiten will und wird, der muss hinausgehen in den viel größeren Gottesgarten, in die Welt.

Doch warum ist die Rückkehr ausgeschlossen? Weil die FREIHEIT erhalten bleiben soll! Indem Gott den Rückweg versperrt, wird der Mensch davor bewahrt, sich in Unfreiheit und Unwissenheit - man sagt auch: Unschuld - zurückzuträumen und damit preiszugeben, was zum Menschsein gehört.

Den freien, autonomen Menschen steht die Welt offen, aber sie müssen sich auch mit den Widrigkeiten des Lebens außerhalb des Gartens auseinandersetzen. Die sog. «Vertreibung» aus dem Garten Eden ist keine Strafe, sondern die Folge der Freiheit - mit allen Chancen des selbstbestimmten Lebens und mit allen Risiken. Nur so ist Leben - zumal in FREIHEIT - zu haben.

So ist die Frage „Mensch, wo bist du?" die Frage unseres Gottes, der die Freiheit des Menschen anerkennt. Schließlich wird dem, der gefragt wird, eine Antwort zugetraut! Deshalb ist die Frage auch keine Erkenntnisverweigerung, sondern ein Ruf zu weiterer, tieferer Erkenntnis, zur Erkenntnis des wirklichen Menschseins. Ein Ruf ins Wissen, ein Ruf zur Verantwortung - und so ein Ruf in die FREIHEIT!

Frühestens an dieser Stelle kann von «Schuld» und «Sünde» gesprochen werden. Das muss dann aber auch geschehen - dort nämlich, wo der wissende Mensch die Zwiespältigkeit seiner Freiheit leugnet und sich weigert, sein Wissen über sich selbst zur Kenntnis zu nehmen, wo er nicht wissen will, was er wissen muss, um ein Mensch zu sein.

Beides geht fehl: Die Garten-Eden-Erzählung als Sündenfallgeschichte zu lesen. Oder in ihr mit Kant und Schiller die eigentliche Menschwerdung - vom Tier zum Bürger - zu preisen und mit Hegel die „glückliche Schuld" (felix culpa) zu feiern. Da lag Goethe schon richtiger, als er im «Faust» den Menschenkenner Mephistopheles sagen ließ: „Folgt nur dem alten Spruch und meiner Muhme, der Schlange, / Euch wird bei eurer Gottähnlichkeit noch bange".

Die „Dialektik der Aufklärung", dass jede Daseinsförderung zur Daseinsgefährdung beitragen kann, gehört zu den über-lebensnotwendigen Wissensbeständen. Und wer wollte ihn ernsthaft leugnen: den selbsterzeugten Gottwerdungsdruck, dem sich der in absoluter Weise autonom sein wollende Mensch unterworfen hat?!

Das leisten alte Mythen immer noch: Sie klären über das auf, was es Grundlegendes über das Menschsein zu wissen gibt und zu wissen nötig ist. So stellt der alte biblische Mythos das Wissen um die Nacktheit und die Erfahrung der Scham als conditio humana zur Verfügung: wie der Mensch ein verletzliches, begehrendes wie bedürftiges Wesen ist. Das ist ja, wird Charles Darwin und werden aktuelle anthropologische Forschungen recht verstanden, der „Selektionsvorteil“: Gerade weil Menschen aufeinander angewiesen sind, kann diese Gattung Welt gestalten und Kultur entwickeln. Damit komme ich zum Schluss auf den Zukunftsaspekt zu sprechen.

MENSCH, WO BIST DU? - Mensch, wo wirst du sein? Wie willst und wirst du Mensch sein? Die Frage, die schon im Garten Eden dem Menschen gestellt ist, kehrt in der radikalen Weltlichkeit alsbald wieder: „Kain, wo ist dein Bruder Abel?“ Eine Frage, die sich uns täglich stellt, bei jeder Begegnung mit einem anderen Menschen. Auch sie ist frei von einem Schuldvorwurf, obschon ab der Kain-und-Abel-Geschichte in der Bibel die Worte «Sünde», «Schuld», «Strafe» vorkommen: in der Welt, in der der Mensch ganz und gar sein eigener Herr sein will und dabei in dem Maß, wie er seinen Mitmenschen verletzt, sich selbst schadet.

„Wo ist dein Bruder Abel?“ Kain wird so gefragt, damit er erkennt: Wer seinen Bruder erschlägt, muss ohne Bruder leben! Es gibt aber keinen Menschen, der nicht vom «Antlitz des Anderen» (E. Lévinas) lebte. Wer könnte denn leben, ohne von anderen angesehen zu werden?! Wer lebte überhaupt, wäre da bei der Geburt nicht der Blick und die Fürsorge eines anderen Menschen gewesen?! Anders gesagt: Eine FREIHEIT ohne Grenzen, eine FREIHEIT, die nur sich selbst kennt, führt zum Freiheitsverlust. Da ist dann keiner, der zu mir hinblickt und mich so zum Menschsein herausfordert und darin bei mir ist. Was auch immer ich tue - nur wo ich meine FREIHEIT in Liebe lebe, bin ich frei.

Noch einmal anders: Frei bin ich dann, wenn ich aus Freiheit Möglichkeiten ungenutzt lasse. Das ist eine der aktuellen Zukunftsaufgaben: Dass wir nicht alles aus allem herausholen, sondern etwas frei lassen. Sich selbst zu bestimmen, ohne alles bestimmen zu wollen - das wäre FREIHEIT. Sie beginnt im Erkennen, dass nicht wir uns zur FREIHEIT bestimmt haben, sondern Gott.

MENSCH, WO BIST DU? Ich höre diese Frage auf dem Hintergrund, dass immerhin von einem gesagt ist: „Seht, den Menschen!“ Auch wenn dieser Ausspruch von dem kam, der kurz darauf doch Jesu Todesurteil sprach, von Pilatus - darin hat der Unrechtsrichter einfach Recht gehabt. In der Humanität Jesu, mit der dieser die Humanität Gottes gelebt hat und die in seiner Lebenshingabe gipfelt, haben wir die unverwechselbare und unüberbietbare Antwort auf die Frage: MENSCH, WO BIST DU? Dann dürfen auch wir, wenn uns das Menschsein schwer fällt, fragen: „Gott, wo bist du?“ In diesem Menschen, in Jesu hingebender, liebender und uns darum befreiender Freiheit! Amen.

* * *

„Es ist ein Himmel über uns gespannt“ - Predigt zu 1. Mose 1,6-8
Garten.Eden.Kirche Hannover[1]
5. Juli 2009 - 4. Sonntag nach Trinitatis

Liebe Gemeinde!

„Es ist ein Himmel über uns gespannt...“. Wie die Hülle des Kokons, unter dem wir hier in der Garten.Eden.Kirche sitzen. Stellen Sie sich, liebe Gemeinde, wie die alten Hebräer, vor, um uns herum wäre Wasser. Ohne Schutz ertränken wir darin. Im «Sealife» schirmt Glas uns ab von den Wassermassen. In dem Hohlraum können wir selbst die gefährlich anmutenden Haie gelassen als ein Schöpfungswunder bestaunen.

Damit kommen wir dem 2. Schöpfungswerk nah. Die bekannten Verse 6 bis 8 aus 1. Mose 1 haben wir als erste Lesung gehört. In einer Fassung, die sich ganz eng an den hebräischen Text anlehnt, stehen sie auf dem Gottesdienstblatt. Zwei Wörter nur in Hebräisch: *rakia* und *schamayim*. Um die übersetzen zu können, muss man mehr von ihrer ursprünglichen Bedeutung wissen.

Mir ist jetzt auch wichtig, dass Sie etwas vom Klang dieser Worte wahrnehmen, z. B. von dem Wortspiel Wasser / *mayim* und Himmel / *schamayim*. Darum die drei Verse auch auf Hebräisch: *Wayyomär älohim jehiy rakia mayim lemayim. Wayya'as älohim etharakia wayyabedel beyn hammayim, aschär mittahat larakia ubeyn hammayim aschär me'al larakia. Wayehiy-ken. Wayyiqera älohim larakia schamayim. Wayehiy äräb. Wayehiy boqär. Yom scheniy.*

Nun aber 1. Mose 1 Verse 6 bis 8, wortwörtlich übersetzt: *Und es sprach Gott: Es sei eine rakia zwischen den Wassern und sei scheidend zwischen Wassern zu Wassern! Und es machte Gott die rakia und sie schied zwischen den Wassern, die unterhalb der rakia, und zwischen den Wassern, die oberhalb der rakia. Und so geschah es. Und es berief Gott die rakia als schamayim. Und es war Abend und es war Morgen, zweiter Tag.*

Bevor Bibelausleger nach dem Sinn fragen, beachten sie die Form eines Textes. Dieser ist im Grunde ein Lied, eine von sieben Strophen eines Lehrgedichts, Poesie also statt Prosa. Wer singt, staunt und dankt. Darum geht es. Zwar werden in den biblischen Schöpfungstexten Bilder und Begriffe auf dem damals aktuellen Stand des

[1] Von Mai bis Oktober 2009 war die Ev.-luth. Christuskirche in Hannover zur Garten.Eden.Kirche ausgestaltet worden: im Kirchenraum große und kleine Pflanzen, Wasserbäche und Naturgeräusche sowie ein regenbogenfarbenes Lichtspiel, in der Mitte ein ovaler Gottesdienstraum, in dem die Gemeinde auf einem Sandfussboden unter einem Kokon aus halbdurchsichtigem Gazestoff sitzen, stehen oder liegen konnte. Die Gemeinde hatte ein Gottesdienstblatt mit einer Darstellung des antiken Weltbildes, dem hebräischen Text und seiner deutschen Übersetzung vor Augen. Nach der Predigt wurde das Lied EG 588 gesungen.

Wissens verwandt. Doch statt um Weltentstehen geht es um Weltverstehen: um den inneren Daseinssinn von Welt und Leben.

Die Bibel ist ja keineswegs auf ein bestimmtes Weltbild festgelegt. Sie ist offen für die modernen Kosmologien und die Evolutionstheorie. Wer den biblischen Mythos recht versteht, hat kein Problem mit Darwin und Einstein! Dabei bleibt festzustellen: Der Mythos enthält meist mehr Wahrheit als die Wissenschaft, die stets nur etwas zum Was und Wie, niemals zum Warum und Wozu sagen kann.

Interessant ist ein Vergleich mit außer-biblischen Schöpfungsmythen. Die beginnen mit der Erschaffung des Himmels. In 1. Mose 1 steht an erster Stelle die Erschaffung des Lichts, das - geschieden von der Finsternis - Tag und Nacht unterschieden sein lässt. Mit dem Licht ist die Zeit geschaffen. Wer die Zeit als erstes Schöpfungsereignis auffasst, denkt geschichtlich. Welt und Leben spielen sich ab in einem Geschehensraum. Alles, was nun kommt, ist eine dynamische Ereignisfolge.

Dabei dient die Gliederung in 7 Schöpfungstage dazu, die verwirrende Vielheit von Welt und Leben zu ordnen, damit sie lesbar und lebbar wird. Das ist nötig. Denn Welt und Leben ereignen sich stets als «Weg in der Gefahr». Darum geschieht Schöpfung durch Gottes *barah*, einem Wort für Schaffen, das allein göttliche Kraft und Macht bezeichnet, die aus sich selbst heraus wirkt, über jedes vorstellbare und berechenbare Maß hinaus.

Davon zeugt in besonderer Weise das 2. Schöpfungsereignis: ein „Himmel" wird auf- und ausgespannt. Doch zunächst ist da die Dreiheit von Wort, Gott und Werden: *Wayyomär älohim jehiy... / Und es sprach Gott: Es sei....* So beginnt jeder neue Schöpfungs"tag". Gott, selbst ganz „Wort", ist der Name für die umfassende und unfassbare Wirk- und Werdekraft. Das macht den biblischen Schöpfungshymnus unverwechselbar. Anderen Schöpfungsmythen zufolge beruht das, was ist, auf einem Zeugungsakt, oft auf Selbstzeugung, ohne Gegenüber, ohne Miteinander. In der Bibel wird alles Materielle zugleich spirituell verstanden, als bewusster Willensakt. Also als Beziehung: als Wort, als Sprechakt - als Kommunikation mit einem verbundenen Gegenüber, das gewollt und darum schon wirklich ist!

Wer spricht, dass etwas sei, will, dass es ist! Und macht sich für die derart begründete Beziehung verantwortlich! So geschieht es im Blick auf die Zeit - und nun weiter im Blick auf den Raum. Ohne Raum, in dem sich etwas ereignen kann, bliebe ja die Zeit leer, erfahrungslos. Der Raum als Leib der Zeit! Zeitraum und Raumzeit - in beiden zusammen gründet Welt und öffnet sich Leben.

In der Weite der Welt kann Leben sich öffnen. Es ist Platz geschaffen, Raum, der sich füllen kann. Leben braucht einen begrenzenden und bergenden, einen ausfüllbaren und umhüllten Atem- und Bewegungsraum, gleichsam eine Trockenzelle in den Chaoswassern. Deshalb ist ihnen eine Grenze zu setzen: den Wassern, den *mayim* - durch eine *rakia.*

Dieses Wort kommt mehrfach vor: *rakia.* Der Wortstamm weist zurück auf die Technik, ein unförmiges Metallstück aus Kupfer, Silber oder Gold zu einem flachen Streifen, einem leicht gerundeten Medaillon oder einer leicht gebogenen Schale zurecht zu hämmern oder zu einem dünnen Blatt zu plätten.

Dieses Schaffen ist gutes Handwerk - als bildnerisches Gestalten! Welche Form auch immer dem bildnerisch Gestalteten verliehen wird, es ist beständig und fest, weit ausgedehnt, aber stabil. Und es hat zwei Seiten. An ihm teilen sich die Wasser. Mit ihm vollziehen sich Scheidungen. Es besitzt Trennschärfe und Tragkraft zugleich! Eben das ist das grundlegende 2. Schöpfungsereignis: inmitten der Chaosfluten klar zu unterscheiden und strikt zu scheiden zwischen der Weltwirklichkeit, die Leben verhindert, ertränkt, erstickt, und der Weltwirklichkeit, die Leben zulässt und öffnet.

In den verschiedenen Bildern und Begriffen, in denen in der Bibel die Weltschöpfung gedacht wird, ist dieses das zentrale Motiv: Gottes Schaffen ist Bannen der Chaosmächte. Gott ist die Kraft, die das Chaos zurückhält und so Lebensraum freisetzt. Das ist das eigentliche Schöpfungsgeschehen! Dieses Geschehen ist verlässlich, von bleibendem Bestand. Alles, was lebt und zum Leben gehört, hat von daher seinen Freiraum, seinen Lebensraum. Der Mensch kann in seiner Lebensgestaltung darauf bauen und setzen.

Für *rakia* gibt es mehrere deutsche Wörter: „Firmament", „Feste", „Gewölbe", „Schale", „Zelt"; auch an eine riesige Stoffbahn, die auf der Unterseite schimmert, darf gedacht werden. Wichtig ist nur, rakia zu verstehen als etwas Unterscheidendes und Belastbares, etwas Ausgespanntes, das zugleich freigibt und bewahrt. In diesem Umgreifenden hat alles, was lebt und zum Leben gehört, seinen Platz und Luft zum Atmen.

In der Bibel ist Schöpfung im wesentlichen Unterscheidung, wenn es sein muss, Scheidung. Die biblischen Schöpfungstexte kennzeichnet eine grundsätzliche Polarität und Pluralität: Wirrnis und Ordnung, Licht und Finsternis, Tag und Nacht, Wasser über und Wasser unter der Himmelsfeste, Sternenwelt und Erdenleben, Meer und Land, den Menschen zugängliche und den Menschen unzugängliche Gebiete und Lebewesen, Mann und Frau, Wirken und Ruhen.

Dabei hat alles seine Aufgabe, für die es bestimmt und geeignet ist. Also ist nichts, was geschaffen ist, göttlich. So bietet schon die Bibel Wissenschaft: Die Welt wird entgöttert und dem Denken und Forschen freigegeben. Zugleich wird sie als Gegebenes wahrgenommen. Eben damit beginnt die Vernunft: im Unterscheiden zwischen dem Gegebenen und dem zu Gestaltenden. Wer so unterscheidet, verzichtet - seinen tatsächlichen Gaben und Möglichkeiten gemäß - auf jeden Selbstschöpfungsanspruch, auf jede Selbstvergottung. So klärt der alte Mythos das moderne Wissen über sich selbst auf!

Damit bin ich bei der ganz besonderen Wendung, die unser Text nimmt. Und Gott *berief* die *rakia* als *schamayim*. Gerade in der Aufgabe liegt die Würde. Über die technische Benennung hinaus geht es um eine Berufung. Das Ausgespannte wird berufen in einen viel größeren Zusammenhang, in etwas Weiteres und Höheres, in etwas schlechthin Erhabenes hinein. Was - mit Stabilitätsgarantie - zwischen Lebensdienlichem und Lebensvernichtendem scheidet, gehört zu den „Himmeln". Ja, *schamayim* ist Mehrzahl: „die Himmel", ein Plural der räumlichen Ausdehnung. Das Ausgespannte ist die untere Fläche „der Himmel", die für den Menschen sichtbar ist.

Ein ur-ur-altes Wissen: der „Himmel" ist mehr als das, was wir sehen, wenn wir nach oben blicken, zu den Wolken, zur Sonne, zu den Sternen! Das Ganze ist mehr als das Erkennbare. Die Welt reicht weiter als unsere Blicke. Darum sprachen die Hebräer von den Himmeln. Darum erblickten sie - wie in Psalm 19, den wir vorhin gebetet haben - im Licht der Sonne, die am Himmelszelt entlang ihre Bahn zieht, den Glanz Gottes.

Auch wir haben ja, trotz unseres Wissens vom Umlauf der Erde um die Sonne und mit 1.100 km / h um die eigene Achse (statt der Sonne um die Erde), unmittelbar diesen Eindruck, und manchmal strahlt von den Wolken her ein eigentümlicher Glanz in unsere Lebenswelt. Ganz zu schweigen von dem überwältigenden Eindruck des Sternenzeltes, das uns Staunen und Schweigen lässt!

Die *schamayim* kamen schon im 1. Vers von 1. Mose 1, der Überschrift, vor: *ha-schamayim we ha-aräz*, „Himmel", Mehrzahl, und „Erde", Einzahl - dieser Doppelbegriff steht für das Ganze: für das, was wir «Kosmos» nennen. Was wir wie ein Himmelszelt sehen, weist also hin auf eine Transzendenz, auf etwas uns Menschen Unerreichbares, alles Leben Übersteigendes und zugleich Umgreifendes. In der Transzendenz liegt Stabilität.

Doch warum fehlt beim 2. Schöpfungsereignis das überall Betonte: *...und Gott sah, dass es gut war*? Dieses Gütesiegel steht sonst am Ende jeden Schöpfungsereignisses. Zum Licht ist es sogar unmittelbar gesagt: Das Licht ist gut. Das Prädikat „gut" ist kein moralisches Urteil, es bedeutet einfach „lebensdienlich". Warum fehlt beim „Himmelsgewölbe" dieses Prädikat?

Tatsächlich erhält erst das 3. Schöpfungswerk das Urteil: *...und Gott sah, dass es gut war*. Das kann doch nur heißen: Zum Himmel gehört die Erde, zuerst als Ort, wo sich noch einmal eine Unterscheidung und Scheidung vollzieht, diesmal als Sammlung der Wasser und Freigabe des Trockenen: Meer und Land. Dann als sein verbundenes Gegenüber: Was der „Himmel" ganz für sich ist, ist er ganz für die Erde. Kein Himmel ohne Erde. Keine Erde ohne Himmel. Erst beide zusammen sind gut. Nur zusammen dienen beide dem Leben, der „Himmel" als das Unerschütterliche, Unvergängliche, die Erde auch und gerade in ihrer Verletzlichkeit und Vergänglichkeit.

So erfüllt Gottes Gegenwart „Himmel" und „Erde". Darum gilt: Nicht wo der „Himmel" ist, ist Gott - wo Gott ist, ist der „Himmel". Der transzendente „Himmel" des Glaubens, der transparent auf Gott hin ist, ist kein Ort, er ist eine Seinsweise (Hans Küng), eine Weise, zu verstehen und zu leben. Mit dieser Aussage habe ich freilich das Wort „Himmel" - statt im kosmologischen - in einem ganz und gar theologischen Sinn verwendet. Dieser weitet sich zu seinem poetischen Sinn. „Himmel" ist ein Grundwort der Poesie. Dazu ließen sich zehn weitere Predigten halten. Bei den Religiösen und den Romantikern ebenso wie bei den handfest Religionskritischen - bei nahezu allen Dichtern kommt der „Himmel" vor. Im bloßen Wort „Himmel" liegt alle menschliche Ursehnsucht und Urangst. Wer könnte sich denn auch dagegen wehren, im Glück wie im Unglück unwillkürlich in diese eine Richtung zu blicken?! Ja, wir verbinden den „Himmel" mit unserem Erleben des Schönen, wenngleich dahinter auch immer die Ahnung des Schrecklichen lauert.

Das Jahr 2009 wurde zum „Internationalen Jahr der Astronomie" erklärt. Seit der kopernikanischen Wende vor etwa 500 Jahren sind die „himmlischen Heerscharen" zu Heimatvertriebenen geworden. Der „Himmel" - das wissen wir, und der Nachthimmel lässt uns ein wenig davon erblicken - ist für uns der Weltraum: eine unfassbare Weite und Leere, eine höllische Kälte von Minus 270° C, Millionen von Galaxien, Milliarden von Lichtjahren, in den Sonnen eine höllische Hitze von bis zu 15 Millionen° C. Ganz am Rand: der winzige blaue Planet, Mutter Erde - und wir, ihre Kinder: Partikel von Sternenstaub, die darauf warten, ein wenig Gottesglanz abzukommen.

Die Kosmologie ist uns heute kein Garant eines Sinnganzen. Mit der Klarheit des Wissens hat auch dessen Kälte bei uns Einzug gehalten. Doch könnten wir noch ein Ganzes, einen Kosmos überhaupt denken, gäben wir dem Gottesgedanken ganz den Abschied? Gut, vielleicht sind wir angesichts unseres Wissens von all der Unermesslichkeit so klug geworden, uns mit dem Denken von sehr viel Wenigerem und Kleinerem zu bescheiden; das wäre ja nicht das Schlechteste. Aber mehr als das, was wir vor Augen haben, was wir erreichen und herstellen können - wollen wir darauf verzichten?! Wollen wir Menschen sein ohne Hoffnung, Menschen, denen etwas vom wirklich Menschlichen fehlt?! Denn kein Mensch lebt nur in einem physikalischen, wir alle leben zugleich in einem symbolischen Universum, dessen Bestandteile Sprache, Mythos, Kunst und Religion sind. Es geht um ein Dazwischen, eine Balance zwischen den Polen des Menschseins. Einerseits gibt, wer Gott aufgibt, das Ganze auf. Dann verkümmern die eigenen Lebenswünsche - auch für die steht „Himmel“ - oder sie werden maßlos übersteigert. Andererseits glaubt, wer nichts glaubt, am Ende alles. Jedenfalls ist das meine Sorge. Das Englische unterscheidet etwas klarer zwischen „sky“ und „heaven“.

Es gibt keinen Weg zurück hinter unser modernes Wissen. Gleichwohl lese ich - gerade mit meinem modernen Wissen - gerne die Bibel, namentlich ihre Schöpfungstexte. In ihnen begegnet mir ein vernünftiges Vertrauen in den Grund des Seins - in anderen Worten: Glaube. Im Blick auf Welt und Leben bezeugt der Gottesglaube eine Wirk- und Werdekraft in allen Polaritäten und Pluralitäten, die das Materielle und das Spirituelle umfasst. Auch durch Katastrophen und Destruktionen hindurch - wie sie in 4 bis 5 Milliarden Jahren im Verglühen unseres Sonnensystems zu erwarten sind - wirkt diese eine Kraft und lässt Neues werden.

Vorhin sprach ich davon, es sei die Transzendenz, die zugleich Raum und Schutz gewähre. Für die vielen religiösen Skeptiker und Agnostiker, denen die Naturgesetze als das einzig Stabile und Gewisse gelten, ein überholter Gedanke, ein abgestandener Glaube im Blick auf den Aufbau des Raums über der Erde: Atmosphäre, Stratosphäre, Ionosphäre, Magnetosphäre! Wirklich? Ich denke an die Emissionen, mit denen wir riesige Löcher in die Schutzschichten über unserer Erde reißen, alles Leben hier den kosmischen Strahlungen gnadenlos aussetzen und den Klimawandel zumindest rasant beschleunigen.

Inzwischen haben wir den „Himmel“ mit etwa 1 Million Teilen Raumfahrtschrott zur Müllhalde gemacht. Die Lichtverschmutzung in unseren urbanen Ballungsräumen lässt uns nachts nur noch einen Bruchteil der Sternenwelt erkennen. Als ich Kind war, konnte man auf einen Blick etwa 2.000 Sterne sehen, jetzt nur noch bis zu 500.

Sollte gerade der Verlust des „Himmels“ der Grund dafür sein, dass wir uns, ohne eine Grenze kennen oder achten zu wollen, der Welt und des Lebens zu bemächtigen trachten?! Dass wir uns gegenüber unserer natürlichen und sozialen Lebenswelt wie Götter aufführen?! Dass das Naturgesetz von der Ressourcenknappheit und den Aufnahmegrenzen der Schutzhülle zwischen Erde und All so arg missachtet wird?!

Erklären kann ich mir das nur mit der Leugnung jeglicher Transzendenz, in deren Folge alles verneint wird, was über uns hinausgeht, wovon wir aber leben, was Grund und Grenze unseres Lebens, unserer Freiheit, unserer Verantwortung ist. Zu jeder Zeit, heute eigentlich noch mehr als vor etwa 2.500 Jahren, als 1. Mose 1 seine Endredaktion erfuhr, gilt es, lebensvernichtende Chaosmächte zu bannen. Sie kommen ja nicht nur von außen, sie stecken auch mittendrin in uns Menschen. So gesehen haben Stabilität - und Lebenssinn - unvermindert etwas mit Transzendenz zu tun!

Auch für den glaubenden Menschen bleibt der „Himmel“ ungreifbar, aber er bleibt das Umgreifende. Mit „Himmel“ sagen wir einander, dass wir in kein Nichts hineingeworfen sind, sondern Anlass zu vernünftigem Vertrauen in den Grund des Seins haben. Für wen ist es denn ein Nachteil, etwas Umgreifendes und Ewiges zu ahnen?! Es ist doch eher ein Evolutionsvorteil! Denn wer zum „Himmel“ hofft, der die Erde will, kann für die Erde wirken!

Der Glaube an Gott den Schöpfer vermittelt mir die Gewissheit, dass die Welt auf ein Gutes hin angelegt ist. Er erschließt mir einen Zugang zur Welt, der sich auf dieses Gute verlässt und einlässt - und selbst zur Güte beizutragen bereit ist. Gott ist der Name für dieses Gute und diese Güte, die sooft unter ihrem Gegenteil verborgen wirken. Im Laufe der Zeiten wurde in der biblischen Literatur Gott mit dem Wort „Himmel“ ineins gesetzt. „In den Himmel kommen“ ist darum gar keine Raum- oder Ortsbezeichnung, sondern bedeutet schlicht und einfach: zu Gott zu kommen, in Gott geborgen zu sein. Ein solches daseinsbestimmendes Vertrauen geht dem Wissen voraus und über das Wissen hinaus.

Lassen Sie sich darum erinnern an das gewaltige Bild, das zur Passion Jesu gehört: Wie in der Stunde seines Todes der „Himmel“ sich verfinstert, der Vorhang im Tempel zerreißt, die Erde erbebt und die Felsen zerspringen.[1] Ja, es geht ein Riss durch die Welt. Er drückt sich auch aus in der unaufhebbaren Spannung zwischen Glauben und Wissen, zwischen all den widersprüchlichen Weltmodellen und -bildern in der Neuzeit, auch dass beim Blick in den „Himmel“ unsere unmittelbare Anschauung anders ist als unser astrophysikalisches Wissen. Damit müssen wir leben.

Wir können es auch. Denn dazwischen steht das Kreuz, an dem dieser eine Mensch mit seinen ausgespannten, zum Zerreißen gespannten Armen den Riss überbrückt und so die Voraussetzung schafft, dass die Finsternis wieder dem Licht weicht. Dem Licht der Liebe, der eigentlichen Transzendenz unseres Lebens!

Dieser Glaube drückt sich am Schluss der Bibel aus in dem poetisch-mythischen Bild vom „Himmel“, der auf die Erde kommt und sie als Stadt, als neues Jerusalem, ganz erfüllt. Die Mitte dieser Stadt ist ein Garten, ein neuer Garten Eden. Ja, die Bibel endet, wie sie beginnt: mit einem Garten. In dieser Gartenstadt wird nicht die Erde zum „Himmel“ erhoben, sondern kommt der „Himmel“ zur Erde.

Der Himmel geht über allen auf, auf alle über, über allen auf... Amen.

---

[1] Matthäus 27,45+51+52a

* * *

„Mehr wert als jeder Mehrwert“ - Predigt zu Lukas 12,16-21
Ev.-luth. Auferstehungskirche Hannover-Döhren
4. Oktober 2009 - Erntedankfest

Liebe Gemeinde!

Erntedank zu feiern - das tut richtig gut. Jedes Jahr neu freue ich mich über die Erntekrone und die Erntedankgaben. Die Früchte der Erde und die Früchte menschlicher Arbeit! Beides gehört ja zusammen. Und so dürfen wir uns zwischen den Naturgaben auch die Kulturprodukte des letzten Jahres vorstellen. Trotz der Finanzmarkt- und Wirtschaftskrise konnte soviel erarbeitet werden und ist soviel gelungen: in der industriellen Produktion wie im Dienstleistungsgewerbe, in den Verwaltungen und in der Politik, aber auch - und das muss hoch, sehr hoch veranschlagt werden - in den Kindertagesstätten und Schulen, in den Arztpraxen, den Kliniken und den Pflegeheimen, um nur diese Beispiele aus dem Bereich des sozialen Handelns zu nennen.

Immerhin stellt der Gesundheitsbereich mit fast 12% Anteil am Bruttoinlandsprodukt den größten Wirtschaftssektor in unserem Land dar; in ihm finden Lohn und Brot fünfmal so viele Menschen wie in der Autoindustrie.

Das alles gehörte also auch mit zu den Erntegaben, mit denen wir in dieser Stunde Gott danken für das, was wir erwirtschaften konnten und was uns gelungen ist, was Gott uns hat gelingen lassen. Heute, einen Tag nach dem 3. Oktober, dem Tag der Deutschen Einheit - wenn auch noch nicht Einigkeit, aber doch Wiedervereinigung -, gehört auch dieses Wunder in der Geschichte mit dazu. Das alles weckt aufs Neue: Staunen, Freude, Dank!

Übrigens sind die Früchte der Erde und der menschlichen Arbeit in unseren Kirchen mehr als einmal im Jahr zu sehen. Jedes Mal, wenn wir Abendmahl feiern, stehen sie auf dem Altar: Brot und Wein. Das ist auch heute so. Denn in unserem Glauben ist das, was unseren Leib lebendig erhält, ganz unmittelbar verbunden mit dem, was unsere Seele braucht.

Darin wird zugleich deutlich, wie Leib und Seele nicht verschiedene Teile, sondern Dimensionen unseres Menschseins sind. Das Seelische und das Leibliche gehen gemeinsam durch die Welt. Wir haben keinen Leib, wir haben keine Seele - wir sind Seele, wir sind Leib! Wie beide zusammenstimmen und recht zusammenklingen - das macht unser Leben aus.

Um das Miteinander und Ineinander des Leiblichen und des Seelischen - darum geht es auch in Jesu Gleichnis vom »reichen Kornbauern«. Wir haben es vorhin als

Evangelium gehört.

Manche mögen dabei gedacht haben: Ist das denn wirklich ein Evangelium, eine frohe Botschaft?! Da wird doch eine überaus harte Kritik geübt am Verhalten dieses reichen Menschen, dessen Gedanken nur darum kreisen, das Erreichte zu horten und zu sichern. Am Ende wird sogar mit dem Tod gedroht: noch in dieser Nacht?!

Gleichwohl reizt mich gerade ihre Realitätsnähe, mich der herausfordernden Härte dieser Geschichte zu stellen. Denn mit den Erntedankgaben liegen ja auch unsere Mühen und Anstrengungen des Jahres von Erntedank zu Erntedank gleichsam mit vor Gott. Auch sie, selbst wenn sie mir zunächst gar keine Freude gemacht haben, gehören in mein Staunen mit hinein. Es ist doch erstaunlich, mit welchen Kräften Gott uns ausgestattet hat, das Leben zu gestalten! Erstaunlich - und noch ein Grund zum Danken!

Zur Realitätsnähe dieses Gleichnisses gehört ebenso, wie ganz dicht es dran ist an unserem Leben, an unserem Umgang mit den Gaben und Gütern. Dass wir es als Gleichnis vom »reichen Kornbauern« bezeichnen, ist eigentlich falsch. Denn es geht um ein Verhalten, das alle Menschen immer wieder an den Tag legen. Es geht um uns, uns alle. Uns allen fällt es doch schwer, das Leibliche und das Seelische ins rechte Verhältnis zueinander zu setzen, jedenfalls in der Alltagspraxis!

Realitätsnah ist nun auch dieses: Jener reiche Mensch weiß nicht, wohin mit der Fülle des Geernteten. Deshalb plant er, eine größere Scheune zu bauen, vielleicht eine Vorratskammer mit Platz für zukünftig noch üppigere Ernten.

In seinem Verhalten erblicke ich eine Parallele zu unserer Lage im 21. Jahrhundert, die ich folgendermaßen auf den Punkt zu bringen versuche: Wir haben, jedenfalls in unseren Breiten, erheblichere Probleme mit der Entsorgung als mit der Versorgung. Das gilt von unseren Lebensmitteln, unserer Kleidung, unserem Mobiliar und unseren technischen Geräten mit den doppelt- und dreifachen Umverpackungen. Es gilt auch im Blick auf solch ein typisches Wort wie „Abwrackprämie“ und die noch völlig ungeklärte Endlagerung hoch-radioaktiver wärme-entwickelnder atomarer Abfälle - ein Thema, das mich als Umweltbeauftragten unserer Landeskirche sehr quält.

Da beneide ich manchmal den Reichen in Jesu Gleichnis, der „nur“ ein größeres Lager für seine Ernteerträge oberhalb der Erde zu brauchen meint. Wo der Reichtum für ihn gleichsam wie ein Spiel ist, stecken wir ganz, ganz tief drin in der Sorge und der Verantwortung, die sich auf 1 Million Jahre voraus bezieht, wollen wir unsere Lebenswelt nicht radioaktiv verseuchen.

Im Kontrast dazu - und wenn ich daran denke, was ich alles in meinem Umfeld an Gütern angesammelt und welche enormen Ansprüche ans Leben ich habe - fällt mir immer öfter ein, was Franz von Assisi sinngemäß gesagt hat: Je mehr Besitz du ansammelst, desto mehr verstrickst du dich in Sorge und Angst.

Gleichwohl bleibt die Frage, was denn der reiche Mensch Verwerfliches beabsichtigt habe. Er wirtschaftet, wie wir alle wirtschaften! Er sorgt vor, wie wir alle vorsorgen! Das kann ihm doch niemand zum Vorwurf machen. Dieser Mann handelt doch ganz vernünftig! Einen Besitzverzicht, wie ihn Franz von Assisi an den Tag legte, der sich dabei auf den besitzlosen Wanderprediger Jesus berief, kann doch kein Weg für alle Menschen sein! Für einige schon, aber keineswegs für alle, die zudem dazu gegen die menschliche Natur gezwungen werden müssten!

Und im Blick auf die etwa 1 Milliarde hungernden Menschen auf unserer kleinen Erde, deren Leben durch Wasser-, Brot-, Bildungs- und Hygienemangel auf das Äußerste tagtäglich gefährdet ist, ja selbst im Blick auf die Menschen bei uns, die arm und arbeitslos sind, müssen wir ja erst einmal für auskömmliche Einkommen sorgen, damit alle teilhaben können an den Lebensgaben und der Lebensgabe.

Es ist wie so oft: Jesus kommt uns mit seinen Geschichten und seinem Glauben wieder einmal mächtig in die Quere. Er scheint wirklich auf einem anderen Stern zu wohnen! Aber warum ist er so wenig von dieser Welt? Weil wir so tief in dieser Welt gefangen sind, weil wir uns so sehr von ihr vereinnahmen lassen, dass wir sie immer mehr verlieren! Dafür ist der reiche Mensch ein Beispiel.

Sehen wir uns genauer an, was da aus dem Text hervorgeht. Auch dieser Ackermann freut sich über die reiche Ernte. Vielleicht hat er sogar an einem der jüdischen Erntefeste teilgenommen. Dann aber ist es ihm äußeres Ritual geblieben. Denn statt seinen Blick von sich weg auf den Geber aller Gaben zu richten, richtet er ihn auf sich selbst: $_{17}$*Und er dachte bei sich selbst und sprach »Was soll ich tun? Ich habe nichts, wohin ich meine Früchte sammle.«* Insgesamt verwendet er zwölfmal Ausdrücke wie ich und mein, durch die dieser Mensch sich ausschließlich auf sich selbst bezieht und bei sich selbst den Mehrwert seines Lebens meint finden zu können.

Gelegentlich hört man auch bei uns die Meinung, bisweilen sogar als wirtschafts- und sozialpolitische Weisheit: Wenn jeder für sich selbst sorgt, ist für alle gesorgt. Was für ein grandioser Irrtum und Irrweg?! Wir wissen es nicht erst seit der Bankenkrise im September im letzten Jahr.

Genau an dieser Stelle ist das Miteinander und Ineinander des Leiblichen und Seelischen empfindlich gestört, erweist sich, was zum Leben gegeben ist, gegen die Absicht des Gebenden als lebensfeindlich. Derart selbstbezüglich nämlich übersieht dieser Mensch, dass er ein Reicher ist, weil er reich geworden ist. Sein Ernteertrag ist, bei aller eigenen Arbeit und Mühe, eine Segensfrucht.

Jedes Erntedankfest gibt uns die Chance, gerade angesichts dessen, was wir zum Leben - im wahrsten Sinn des Wortes - nötig haben, was unser Leib braucht, nicht bei uns selbst zu bleiben und in unserer Waren- und Sorgewelt und damit unserer Leibwelt zu versinken, sondern angesichts gefüllter Hände unsere Seele mit Staunen, Freude, Lob und Dank zu füllen - und damit uns erfüllt zu wissen. Wir bleiben bedürftig - und sind doch erfüllt!

Was mit diesem Gedanken verbunden ist, entfalte ich nun in drei Überlegungen:

Zunächst: Nicht Gott hat den Kornbauern - wir alle sind gemeint - zum Tode verurteilt, sondern er stirbt an seiner Sorge, ohne die vollen Scheunen nichts zu sein. Er hat die tief in uns Menschen verwurzelte Angst, einmal doch leer auszugehen. In dieser Perspektive ist es vernünftig, geradezu unausweichlich, ja zwangsläufig, in immer größere Scheunen zu sammeln und damit den Mehrwert zu sichern.

Wie aber soll darin die Seele den Mehrwert Ruhe, das heißt: ein Lebensziel, ein Genüge, einen Schalom, einen Frieden finden? Nicht einmal der Leib kann damit seinen Bedarf stillen, denn die Vorräte sind immer schnell aufgebraucht, sie reichen weder für alle Zeit noch für die Ewigkeit.

Die Ressourcen sind nun einmal begrenzt. Also kann ich ein Ziel und einen Sinn nur finden, wenn ich mit dieser Begrenztheit mein Leben gestalte.

Daran schließt sich die weitere Überlegung an: In Annahme der Begrenztheit Leben zu gestalten, wird mir nur möglich sein, wenn an die Stelle meiner Selbstbezüglichkeit die Beziehung zu Gott als meinem unerschöpflichen Lebensgrund jetzt und allezeit und in Ewigkeit tritt. Wenn ich in, mit und unter den Lebensgütern, wie wir sie in den Erntedankgaben symbolisch hier anschaulich machen, die Zuwendung Gottes erkenne und im Abendmahl, in Brot und Wein, sein Erbarmen annehme.

Aus dieser Sensibilität für Gott entspringt die Solidarität mit dem Nächsten, sei er nah oder fern - in unserer globalisierten Welt sind auch die Fernen Nachbarn. Die Sorge um mein eigenes Leben ist eine materielle Frage, die Sorge aber für das Leben Anderer ist eine spirituelle Frage.

Es kommt nämlich auf meine innere Einstellung an. Ich bin ein bedürftiger Mensch, der von außen versorgt werden muss. Also mache ich mich, je mehr ich nur noch meiner Selbstsorge - siehe die größere Scheune für immer mehr Waren, die Seelenruhe erzeugen soll - lebe, desto mehr von den Waren abhängig und am Ende selbst zur Ware. Unsere Sorge und unsere Waren haben eine ungeheure Eigenmacht, die uns erst recht in Abhängigkeit treiben kann!

Allemal dabei wandeln sich - wie bei dem Menschen in Jesu Gleichnis - meine berechtigten Lebensinteressen in nackte, kalte Lebensgier, und die ist eine der Ursachen der Finanzmarkt- und Wirtschaftskrise, die nach meinem Eindruck keineswegs vorüber ist.

„Wie ein Riss in einer hohen Mauer" - so hat die Ev. Kirche in Deutschland, ein Jesaja-Wort aufnehmend (Jesaja 30,13), ihre aktuelle Stellungnahme zu diesem Weltproblem genannt. Dieser Riss wird immer unerträglicher, wenn der weltweite Hunger bleibt, der sich durch das verantwortungsloses Finanzgebaren vergrößert hat.

Andere verderben zu lassen, bedeutet am Ende immer, sich selbst das Verderben zu bereiten. Darum muss jede wirtschaftspolitische Richtungsentscheidung auf weltweite Verträglichkeit und Nachhaltigkeit ausgerichtet sein. Sonst fährt, wer ihn flott machen will, den Wagen sofort an die Wand.

Meine dritte und letzte Überlegung bezieht sich auf die Worte, mit denen Jesus das Gleichnis schließt: *So geht es dem, der sich Schätze sammelt und ist nicht reich bei Gott.*

Im ganzen Gleichnis führt er vor Augen, wie riskant unser Leben in mindestens zweifacher Hinsicht ist: Wir benötigen mannigfaltige Güter, wie wir sie nach einem guten Erntejahr zur Verfügung haben, vernünftige Vorsorge eingeschlossen. Aber alle Vernunft wird zur Unvernunft, wenn wir darüber die grundlegende Beziehung vergessen, auf der unser Leben aufruht: die Beziehung zu Gott, der allein den Bestand von Welt und Leben garantieren kann. Diese Wahrheit des Lebens leuchtet auf gerade in der herben Klarheit des Gleichnisses, gleichsam auf seiner Rückseite. Darum ist es allemal ein Evangelium. Wo heute alles dem Markt unterworfen ist, erfahren wir, was wir für kein Geld der Welt kaufen können!

Wenn wir im Sinne dieses Evangeliums in rechter Weise Erntedank feiern, erkennen und erfahren wir zumal in den Früchten der Erde und den Früchten menschlicher Arbeit, wie Gott unser Leben reich macht.

Indem wir in diesem Sinn die Lebensgaben gebrauchen, werden wir leibes-satt und seelen-ruhig, dazu sinnen-froh, nächsten-freundlich und aufgaben-orientiert - und darin, weil wir uns reich machen lassen von Gott, reich bei Gott, in Staunen, Freude und Dank.

Wer so, reich von und bei Gott, geerdet im Himmel ist, weiß auch: Mein Leben hat einen Mehrwert, der weit hinausgeht über jeden erzielbaren Mehrwert! Darin kommen Leib und Seele zusammen. Gerade darum tut es so richtig gut, Erntedank zu feiern. Amen.

* * *

„Drei Nägel an der Wand" - Predigt zu Epheser 2,11-18
Ev.-luth. Schloss- und Stadtkirche St. Crucis Hannover
22. März 2010 - Verabschiedung aus dem kirchlichen Dienst

Liebe Gemeinde!

Betrachten Sie bitte zunächst das Bild im Gottesdienstbegleiter:[1] Zwei Welten - wenn sie aufeinanderprallen, zerbersten beide. Die Zeit ab 1945. Der West-Ost-Gegensatz mit gegenseitiger atomarer Totschlagsdrohung überwölbte fast 50 Jahre lang das ganze Leben. Dazu der Nord-Süd-Konflikt. Der Konflikt im Nahen Osten, in biblischen Zeiten um Wasser und Brunnen - in modernen Zeiten um Öl.

Und Deutschland, mein un-„einig Vaterland"? Durch eine Mauer geteilt. Im Hintergrund der unheilbare Riss in unserer Geschichte, den ich jetzt nur andeute mit der Gedichtzeile von Paul Celan: „...der Tod ist ein Meister aus Deutschland...".

Welten stießen aufeinander auch im Gegensatz von Schwarz und Weiß in den USA und Südafrika. Dazu, als die Grenzen des Wachstums ans Licht kamen, der Konflikt zwischen Ökonomie und Ökologie, der den zwischen Arm und Reich weiter und weiter verschärft. Zugleich spaltete die Kernspaltung die Gesellschaft: Kernkraft: Nein, danke! Ja, bitte! Dergleichen Konflikte und Blockbildungen waren auch in der Kirche präsent, z. B. im Streit um den rechten Weg zum Frieden: Frieden schaffen mit oder ohne Waffen?

In diesen Zerrissenheiten und Zerreißproben war ich Kind, Jugendlicher, junger Erwachsener. Der Väter- und Müttergeneration in meinem Umfeld - Generation „Lilli Marleen" - hat der »Zweite Weltkrieg« alle Ideale pervertiert, alles Sakrale korrumpiert. Dementsprechend bin ich aufgewachsen als Skeptiker und Agnostiker. Nach Epheser 2 ein Unbeschnittener, ohne Christus, ein Fremder außerhalb des Bundes der Verheißung? Kindergottesdienst, Religionsunterricht habe ich nie besucht. Im Konfirmandenunterricht wurden kritische Fragen abgeblockt. Also habe auch ich keinen Vers aus Bibel, Katechismus, Gesangbuch auswendig gelernt. Aber es gab da einige Seltsamkeiten:

Aufhorchen ließ mich z. B. die kleine Zeile in Luthers Credo-Auslegung: „...erworben, gewonnen...nicht mit Gold oder Silber...". Was hat mich fasziniert an der Welt jenseits von Karstadt, C&A und Woolworth? Dann landete ich - o Wunder - nach der Konfirmation in der Ev. Jugend der Pauluskirche Bremerhaven. Dort hörte

[1] Aus Gründen des Copyrights kann hier nur auf das Bild verwiesen werden, das den Gekreuzigten zwischen zwei aufeinander zu stürzenden massiven Gewalten zeigt: „Versöhnung" - Metallskulptur von Keiji Kosaka (Japan, 2. Hälfte des 20. Jahrhunderts), in: Hans-Ruedi Weber (Hg.): Kruzifixus. Biblische Meditationen unter dem Kreuz, Texte und Bilder aus zwei Jahrtausenden, Ev. Haupt-Bibelgesellschaft zu Berlin und Altenburg, 2. Aufl., Berlin 1983, S. 75

ich zum ersten Mal bewusst: *Selig sind die Friedfertigen, denn sie werden Gottes Kinder heißen...* und *Liebet eure Feinde....* Jesus von Nazareth. Bergpredigt. Die brachte ich zusammen mit Gustav Heinemanns Diktum im Bundestag gegen die „christlichen Politiker", deren Bundeskanzler damals Konrad Adenauer hieß: „Jesus Christus ist nicht gegen Karl Marx, sondern für uns alle gestorben!"

So eröffnete sich mir - wider Erwarten - ein anderer Fragehorizont. Zwar wollte ich dem Glauben kein Verstandesopfer bringen, habe aber nach dem »Anderen der Vernunft« gefragt, fragen *müssen*. Der Humanismus konnte mir nicht erklären, warum Menschen ihre Menschlichkeit verrieten, gerade im Namen eines »neuen Menschen«. Der „kategoriale Mord" (Zygmunt Baumann), nur weil du einem Volk, einer Religion, einer Klasse angehörst, ist ja erst in der Moderne möglich geworden, durch organisierte und technisierte Inhumanität. Trotz der Prozesse gegen die »Verbrechen an der Menschlichkeit« blieb das Un-menschliche mitten unter uns - und dann wohl auch in uns. Und wie kann Neues, Besseres entstehen, wenn Altes un-vergeben bleibt? Vergangenheit, die ja unveränderbar ist, da folge ich Hannah Arendt, braucht Vergebung, damit Zukunft möglich wird!

Am Riss im Humanismus, in der »Dialektik der Aufklärung« also die Frage: Wer tritt dazwischen? Wer spannt die Arme aus, um den zerstörerischen Aufprall der Welten und Weltanschauungen aufzuhalten? Die Skulptur zeigt: Die Wirklichkeit ist zerrissen, Weltenblöcke stürzen aufeinander zu - nur der kleine Mensch in der Mitte hält sie auf Abstand, und so verbindet er sie miteinander. Gefährlich über dem Abgrund - und doch kein Absturz!

Über dem Abgrund, von allen Seiten bedrängt: der Mensch in den Widersprüchen, in die ihn seine Freiheit führt: in der Antinomie seiner Autonomie. So empfinde ich mein eigenes Leben, bis heute. Wer gibt mir Halt darin, indem ich mich in ihm gehalten wissen darf?

Der MENSCH DAZWISCHEN ist JESUS CHRISTUS. Wie hieß es in Epheser 2? Ich kürze und passe sprachlich etwas an: *Jetzt aber in Christus Jesus seid ihr, die ihr einst Ferne wart, Nahe geworden. Denn ER IST UNSER FRIEDE. ER hat die beiden versöhnt mit Gott in EINEM Leib durch das Kreuz. Durch ihn haben wir alle beide in EINEM Geist den Zugang zum Vater.*

Die am Kreuz ausgebreiteten Arme des Jesus Christus halten den Zusammensturz zweier Welten auf. Damals die Konflikte zwischen Christen, die ihre jüdischen Bräuche stur behalten wollen, und denen, die ihr Griechentum stolz vor sich hertragen! Epheser 2 erinnert daran: Das ist vorbei. Griechen, nun Miterben Israels, und Juden, nun befreit vom jüdischen Ritualgesetz, sind LEIB CHRISTI, Kirche. Darin erfüllt sich Jesaja 57 Vers 19: *Friede, Friede denen in der Ferne und denen in der Nähe.*

ER IST UNSER FRIEDE. Frieden: Schöpferische Nähe, in der Menschen, so verschieden sie sind und bleiben, einander anvertrauen können. Da wächst zusammen, was zusammengehört. Nun haben die Verschiedenen in EINEM Geist Zugang zum Vater, sind in EINEM Leib miteinander verbunden. Im LEIB CHRISTI sind sie ALLE in Gottes Liebe! Liebe aber ist Hingabe: Passion. Nicht mein, sondern dein Wille geschehe (Lukas 22,42). In seiner Passion, auf dem Weg Gottes, balanciert der Gekreuzigte unsere in immer mehr Zerreißproben geratende Welt gleichsam wieder aus. Was hält die Welt im Innersten zusammen? Macht, Supermacht, nackte Befehlsgewalt schaffen Zusammenhalt nur auf begrenzte Zeit. Einzig die Liebe versöhnt: die Liebe, die Leid und Schmerzen jeder Seite teilt! Dafür steht das Kreuz: Frucht unendlichen Schmerzes, Zeichen göttlichen Leidens - und deshalb wahren Friedens. „Frieden ist der Leib der Wahrheit" (Carl Friedrich von Weizsäcker)!

Damit vollzieht sich eine Revolution in der Religion. Der Gott, der zu Leben und Glauben beruft, ruft zugleich aus aller Lebens- und Glaubensnot. Nach biblischem Zeugnis war der Mensch KÖRPER und Gott STIMME. Denken wir an den »Garten-Eden-Mythos«: Frau und Mann erwachen zum realen Menschsein jenseits »träumender Unschuld«, indem sie sich ihrer Nacktheit, ihres Körpers, in der Scham ihrer Leiblichkeit bewusst werden. Gott dagegen, auch beim Wandeln in der Abendkühle, ruft: *Mensch, wo bist du?* (1. Mose 3,9) Am Kreuz ist es anders: Da wird Gott selbst KÖRPER, leidender und sterbender Leib. Und der Mensch wird STIMME; Jesus ruft: *Mein Gott, mein Gott, warum hast du mich verlassen?* (Markus 15,34) Der mich zum Menschsein berufen hat, schreit selbst - nimmt man »Inkarnation« ernst - all mein verzagtes, verschrecktes, verwundbares Menschsein in die Welt hinaus und ruft es in sich hinein. Gott selbst vertritt mich vor Gott - und überwindet so den tiefsten Gegensatz, den Sund zwischen Gott und Mensch.

Zumal in diesem Sinn ist JESUS CHRISTUS DER MENSCH DAZWISCHEN: der Frieden, in dem die Wahrheit ihren Leib hat, in dem der Schmerz des Menschen zum Schmerz Gottes und der Schmerz Gottes zum Schmerz des Menschen wird. Ein unglaublicher Glaube! DEM JESUS ABER, DEM GLAUBE ICH - - - DEM GLAUBE ICH SEINEN GOTT! Deshalb glaube ich, was diese Skulptur in dem Rund ganz unten zeigt: Tiefer noch als der Abgrund ist der Grund, und der Grund des Seins ist Liebe.

Was denn wollten wir in der Evangelischen Jugend damals? Als gute Gemeinschaft Jesus »nachfolgen«, wie Dietrich Bonhoeffer es in seinem Buch »Nachfolge« auf den Punkt gebracht hat. Was ist daraus geworden? Ursprünglich wollte ich so etwas wie »Arbeiterpfarrer« werden, z. B. auf einer Werft an der Weser. Wäre das, nach paulinischem Vorbild, nicht doch dem Evangelium angemessener gewesen als sich von der Kirche bezahlen zu lassen? Jedenfalls wollte ich so, in Bonhoeffers Sinn, zur „nicht-religiösen Interpretation des Evangeliums" beitragen. „Mündiges Christentum". „Fromme Weltlichkeit". „Gläubiger Realismus".

Ehrlich freue ich mich über jeden kirchlichen Arbeitsplatz und bin dankbar für auskömmliches Einkommen, das mir meine Landeskirche sichert - und die Freiheit, die in unserem Staat die Kirche genießt, um des Evangeliums willen. Um des Evangeliums willen, das fremd und widerständig ist in dieser Welt, um des »Wortes vom Kreuz« willen, das »Torheit« und »Skandal« bleibt, kann Kirche aber nur KIRCHE UNTER DEM KREUZ sein. Nirgendwo ist ihr verheißen, sie werde gehört werden, es werde ihr gut gehen. Verheißen ist den Frauen und Männern, die Jesus nachfolgen, allein, auch und gerade in Bedrängnis und Armut Kirche Jesu Christi zu sein.

Habe ich dem Anspruch genügt, der aus dem Zuspruch des Evangeliums nun einmal folgt? Mir bleibt nur, mich meiner Berufung zu erinnern: DU KANNST NICHT VON GOTT REDEN, ABER DU DARFST VON GOTT NICHT SCHWEIGEN.

DU DARFST VON GOTT NICHT SCHWEIGEN. Erst recht nicht in der »Flüchtigen Moderne« (Zygmunt Baumann). Wo die Informationsflut ein Ausmaß hat, dass kein Gedanke mehr zu Ende gedacht werden kann. Wo du wie ein Fossil aus uralten Zeiten bestaunt oder als reaktionärer Metaphysiker oder gefährlicher Fundamentalist abgestempelt wirst, wenn du die Frage nach der »Wahrheit« stellst. Wo der Säkularfundamentalismus jede religiöse Poesie und Ästhetik aus dem öffentlichen Leben hinaus- und ins Private hineindrängen will - und so das Persönliche politisch entwertet und die Grundlagen verschweigt, die keine Gesellschaft sich selbst schaffen kann. Wo die Tyrannei des Lebensglücks das Leben immer mehr zum Verlust macht. Wo du überall hin-, aber nirgendwo ankommst. Wer kann denn die riesigen Möglichkeitsräume und -träume auskosten? Gab es jemals soviel unglückliche Menschen? Unglücklichsein gilt inzwischen als Schande und eigene Schuld.

Die Betrübnis wächst, seit wir mit ständig gebrochenen Versprechen leben: Nach dem Warenkauf dementiert ein neues Angebot das ganz große Glück zugunsten eines noch größeren. Warum belügen wir uns eigentlich selbst? Kein Wunder, wenn »Menschenwürde« zusammenschrumpft auf das Glück, für dessen eigener Schmied sich jeder Einzelne halten zu können glaubt.

Besonders unzufrieden sind die »Transhumanisten«, die ich neulich auf einem Medizinerkongress traf: Das »Mängelwesen Mensch«, das sie selbst sind, sei zu mangelhaft. „Wir verbessern es, erfinden es neu!" Ein Leben ohne Mangel aber wäre ein trauriges Leben, nämlich ein Leben ohne Tröstung. Statt verbesserungs- ist der Mensch vergebungsbedürftig! Das habe ich in der Kongress-Arbeitsgruppe gesagt - und erntete mildes Lächeln, nicht einmal ein wildes Gelächter war den Transhumanisten mein Votum wert. Nun, sie - es waren zu meinem Erstaunen mehr junge Frauen als Männer - waren gebildet und gewandt im Umgang mit anderen Menschen.

Gleichwohl, ich bleibe dabei: Wir brauchen die GNADE noch mehr als die GÜTE. Allemal, seit der Mensch - ohne Gott - sich für alles ineins ausgibt: Täter, Opfer, Ankläger, Verteidiger und Richter. Doch welcher Unmensch verbirgt sich hinter diesem Übermenschen? Jenseits der Gnade übrigens ist der Mensch nur Tauschobjekt, eine Ware ohne Würde! Denn allein Gnade ist das, was kommt, ohne geschuldet zu sein.

Hand aufs Herz: Wir Menschen bleiben einander immer etwas schuldig, immer! Allemal Ethik ist eine Abwägung im Konflikt, auf schmalem Grat, im Dilemma. Stets bleibt Unabgegoltenes, Unabgeltbares - wie im Sterben ein „untröstlich Ungetröstetes“ (Andrea Peschke).

Und wo ist sie geblieben, die Vision von „Freiheit, Gleichheit, Brüderlichkeit“? Gewiss musste man immer fragen: „Und wo bleiben die Tätigkeitswörter?“ (Stanislaw Jerzy Lec) Auch die große Bloch-Musik - Partitur: »Prinzip Hoffnung« - blieb sie schuldig. Doch heute ist nur von „Sicherheit, Chancengleichheit, Vernetzung“ die Rede. Das ist ja auch wichtig. Mir wird es aber niemals reichen. So visionslos war unsere Welt wohl noch nie. Dabei brauchen wir, nachdem Karl Marx’ Lösungen als untauglich entlarvt sind, seine Fragen aber in der globalisierten Welt immer drängender werden, eine neue Sicht von allem, Mensch und Natur.

Umso entschiedener möchte ich den Blick auf den MENSCHEN DAZWISCHEN richten. Das Ebenbild Gottes ist zuerst und zuletzt der Gekreuzigte. So bleibt alles Widerstreitende, Zwiespältige, Gegensätzliche zusammen - nicht weil dieser Körper am Kreuz ein Kraftprotz wäre, sondern ein gekrümmter, verwundeter, hinfälliger Mensch. Hinfort offenbart sich am verletzlichen Leben das Maß des Lebendigen überhaupt. Verletzlichkeit ist die eigentliche Grundlage für gutes Handeln! Deine Würde ist mit deinem Menschsein gegeben, nicht weil du Person mit bestimmten - und dann auch nur den geistigen - Fähigkeiten bist! Das wahre Selbstsein entspringt nicht der viel beschworenen »Verantwortung für sich selbst«, sondern der Verantwortung für den Anderen! Jedes Ich bildet sich vom anderen Ich her. Nur daraus erwachsen Halt und Hoffnung.

Halt in Hoffnung. In messianischer Perspektive, im »Neuen Jerusalem«, wenn *Gott A und O, Anfang und Ende*, alles in allem (Offenbarung 21,6) sein wird, wird das Maß des Menschlichen endgültig zum Maß des Göttlichen: *Gott wird abwischen alle Tränen* (Offenbarung 21,4). Dann ist der zerbrechliche der wirklich königliche Mensch. So wird schon heute im Fragment das zukünftige Ganze erkennbar. Über ein wissendes Nichtwissen kommen wir niemals hinaus. Umso mehr können wir sein, was wir sind: „pathische Existenzen“. Du darfst, wie Fulbert Steffensky sagt, am Ende einstimmen in deine „gelungenen Halbheiten“ und deine „gesegnete Versehrtheit“. Schon im Blick darauf gilt der Ruf: „Eia, wär’n wir da!“

Im Vorschein des Reiches Gottes, in diese Welt hinein hoffend, weil wir über sie hinaus hoffen dürfen, haben wir, die wir Christinnen und Christen sein und Kirche kreativ gestalten wollen, einen Auftrag zur Konzentration auf das Wesentliche. Ich durfte einmal Dom Helder Càmara, einst Erzbischof von Olinda und Recife und brasilianischer Befreiungstheologe, persönlich hören. Was brauchen wir, um Christen und Kirche zu sein? Was brauchen wir, um aus Gott und in Gott hinein zu leben? Wir brauchen, war seine Antwort, nur drei Nägel, drei Nägel an der Wand, die das Kreuz Jesu Christi abbilden. Drei Nägel an der Wand. Sie müssen auch uns reichen. Und sie werden reichen: drei Nägel an der Wand.

So stehen wir noch vor dem Festsaal. Aber wir hören schon die Musik. „Kyrie eleison, sieh, wohin wir gehn. Ruf uns aus den Toten, lass uns auferstehn“. Amen.

* * *

„Wir wussten es nicht: es war der Ostertag“ - Predigt zu Lukas 24,13-35
GDA-Seniorenwohnstift Hannover-Kleefeld
5. April 2010 - Ostermontag

Liebe Gemeinde!

Zwei Jünger Jesu gehen nach Emmaus. Eine der bekanntesten Ostergeschichten. Wir kennen sie. Zum einen aus der Bibel und dem Gottesdienst. Zum anderen aus dem eigenen Leben. Zwei Menschen auf dem Weg - und einer davon, denke ich, bin ich selbst. Unser aller Leben ist ein Weg, ihr Leben, mein Leben: ein Lebensweg.

Die beiden Jünger kommen gleichsam aus dem Dunkel. Sie haben Schweres hinter sich. Ihr Freund Jesus wurde gekreuzigt. Das können sie nicht verstehen. Das raubt ihnen ihre ganze Hoffnung, ihre Hoffnung, dass sich die Welt erneuern wird: dass sich die Verhältnisse unter Menschen, die Verhältnisse, in denen Menschen leben müssen, ändern, besser werden. Dass auch ihr Leben sich ändern kann, besser wird, wieder einen Sinn bekommt. Doch der, von dem das verheißen wurde, von dem sie das erwarten, dieser Jesus von Nazareth - der wurde brutal ans Kreuz geschlagen. Nun ist alles vorbei, alle Hoffnung dahin. Nun bleibt alles beim Alten.

Wenn wir unseren Weg gehen, dann kommen wir auch oft aus solch einem Dunkel, dem Dunkel des Nichtverstehens, dem Dunkel der Schmerzen, dem Dunkel der Trauer. Wenn wir auf unseren Lebensweg zurückblicken, dann erinnern auch wir uns an Erfahrungen schwerer Lasten, schwerer Widersprüche und mancher Brüche in unserem Leben. Und wir fragen: Was war der Sinn? Was sollte das bedeuten? Manche Nacht konnten, können wir nicht schlafen mit solchen Fragen im Kopf, im Herzen.

Was mache ich, wenn mich solche Fragen überfallen? Am besten ist es, statt sie zu unterdrücken, sie mit einem anderen Menschen zu besprechen, meiner Frau, einem Freund, einer Freundin, einer Seelsorgerin, einem Seelsorger. So machen es die beiden Jünger. Zwischen Jerusalem und Emmaus reden sie miteinander: tauschen sich aus über all das, was sie nicht verstehen, weder annehmen noch verarbeiten können.

Plötzlich sind sie nicht mehr allein. Nun, sie waren ja vom ersten Schritt an zu Zweit. Aber man kann auch zu Zweit allein sein. Doch im Erzählen, im gemeinsamen Fragen und Klagen, in der Hinwendung zueinander verändert sich etwas. Da stellt sich ein Drittes ein - unsere biblische Geschichte spricht von einem Dritten, der sich zu den beiden Jüngern auf den Weg gesellt. In der Hinwendung zueinander erleben diese beiden Wandernden die Zuwendung Jesu zu ihnen beiden.

So hat Jesus, um den sie so sehr trauern, dessen Verlust ihnen die Hoffnung raubt, es immer getan: Er hat sich mit den Menschen auf den Weg gemacht, hat sie in ihren Häusern aufgesucht, in ihren Herzen. Er wurde ihr Weggefährte, ihr Seelenfreund. Er hat sie aufgerichtet, wenn sie niedergeschlagen waren, bedrückt von anderen Menschen, die Macht über sie ausüben wollten, bedrängt von ihrer eigenen Schuld.

Und nun geht ihnen, den Beiden auf dem Weg nach Emmaus ein Licht auf. Die Augen gehen ihnen auf, gleichsam von innen: Jesu Kreuzestod lässt sich auch ganz anders verstehen: als seine ungeteilte Zuwendung zu uns Menschen, als seine volle Hingabe, als seine vollendete Liebe zu uns. Denn das ist die größte Liebe: sein eigenes Leben für jemanden hinzugeben. Eben davon haben ja schon die Propheten gesprochen!? Ja, das haben sie: von dem Knecht Gottes, in dem Gott ganz für die Menschen da ist - mit unverbrüchlicher Liebe, mit unumschränkter Gnade.

Da beginnen die Beiden auf dem Emmaus-Weg zu verstehen: Im Kreuzestod Jesu kommt Gott uns ganz nah, gleichsam vom Himmel auf die Erde. Gott wird wie wir Menschen. Gott selbst erträgt unser Nichtverstehen, unsere Schmerzen - und so trägt Gott uns. „Von guten Mächten wunderbar geborgen...“. Gott selbst ist jetzt mittendrin in unserer Trauer und all dem Schweren, was wir mit uns herumtragen. Doch mit alldem sind wir getragen. Gott führt uns nicht am Schweren vorbei, aber hindurch. Ich darf glauben und aus diesem Glauben heraus mein Leben gestalten: Der Sinn meines Lebens geht weit hinaus über die Intaktheit meiner Sinne.

Diesen Glauben, diese Hoffnung, diese Liebe wollen die beiden Menschen, die da nach Emmaus gehen, die wie wir auf dem Weg sind, festhalten und feiern. Darum bitten sie: *Bleibe bei uns, Herr; denn es will Abend werden und der Tag hat sich geneigt.*

Und tatsächlich kehrt der Glaube, die Hoffnung, die Liebe ein in ihr Haus. Ja, Jesus - oder wie auch immer wir nennen, was den beiden Emmaus-Leuten widerfuhr, was sie als personale Begegnung erlebten - lässt sich bitten, lässt sich bitten ins Haus, ins

Haus des Lebens. Sie essen zu Abend - und in seiner Gegenwart wird ein Abendmahl daraus. Sie erkennen den *Herrn* am Brotbrechen. In dem, was Jesus am Abend vor seinem Kreuzesweg getan und was er auf seinen Tod hin gedeutet hat, ist Jesus gegenwärtig: nicht tot, sondern lebendig. Gerade sein Tod ist Leben für sie: Leben ganz aus Gottes vergebender Liebe, Leben ganz aus geschenkter Gnade. Wahres Leben, Osterleben: Auferstehung.

Bleibe bei uns, Herr; denn es will Abend werden und der Tag hat sich geneigt. Die Bitte wird erfüllt. Der das wahre Leben selbst ist, kommt unter ihr Dach, tritt ein in das Haus ihres Lebens. Aber dann, so wird erzählt, ist er plötzlich verschwunden, nicht mehr zu sehen, nicht mehr zu fassen. Warum?

Nun, Jesus ist uns ja immer ein Stück voraus, seine Liebe ist größer, umfassender als unsere Liebe. Doch die beiden, die nun angekommen sind in Emmaus, die ein Ziel erreicht haben, sind - umgekehrt - von einem Ziel erreicht worden. Jesus hat sie wieder einmal verwandelt. Seine Liebe - sie haben es beim Brotbrechen erfahren und erkannt - ist nun bei ihnen, mit ihnen, unter ihnen. Sie wohnt in ihrem Herzen. Nun ist Jesus, nun ist Gott auch bei ihnen, wenn er vor ihren Augen entschwunden ist. Umso mehr nehmen sie ihn in ihrem Herzen wahr. Sie sagen es selbst: *Brannte nicht unser Herz in uns, als er mit uns redete auf dem Wege und uns die Schrift öffnete?*

Ja, sie haben ihn in ihrem Herzen wahrgenommen - und er will in ihrem Herzen bewahrt bleiben. Das Herz sieht mehr als vor Augen ist. „Man sieht nur mit dem Herzen gut, das Wesentliche ist für die Augen unsichtbar." (Antoine de St. Exupery) Wir sind auf das Sichtbare fixiert, das aber muss keineswegs das Wahre sein. Gott und die Liebe können wir nur mit dem Herzen schauen. Darum ist es gut, wenn Jesus Christus sich dem bloßen Blick unserer Augen entzieht. Erst dann können wir ihn in unsere Herzen aufnehmen. Und dann ist Jesus Christus wahrhaft unser *Herr!*

Also können wir Jesus Christus nur festhalten, wenn wir den Glauben, die Hoffnung und die Liebe, die von ihm ausgehen, die er ist, in uns bewahren. Dann können wir uns freuen an all dem Glück, das uns beschieden war und beschieden ist. Dann mögen wir unser Leben vielleicht immer noch nicht verstehen, aber wir können es bestehen, bestehen durch all das Schwere, durch all die Schmerzen hindurch. Dann erblicken wir im Kreuzesholz den Lebensbaum. Dann erfahren wir auch im Tod vom Leben. Dann bedeutet jedes Ende einen neuen Anfang. Dann feiern wir wirklich und wahrhaft Ostern, den Sieg des Lebens über den Tod. Und Gott hält uns fest.

In dieser Kraft, in dieser Hoffnung, in dieser letzten Sinngewissheit über alle Sinnlosigkeit hinaus gehen die beiden Menschen von Emmaus wieder zurück nach Jerusalem. Der Ort, von dem sie aufgebrochen sind, ja, von dem sie in panischer Furcht geflohen sind, wird für sie nun zum neuen Zielpunkt des Lebens. Dort teilen sie nun das Leben mit all den anderen, die zu Jesus gehören und denen Jesus gegenwärtig ist, die in, aus und auf Gottes Liebe zu leben. Die niemals tiefer fallen als in diese Liebe hinein.

Möge Gott geben, dass dieser Weg der beiden Emmaus-Jünger auch unser Weg sein kann und wird, Ihr Weg und mein Weg, unser gemeinsamer Weg!

Der Jenaer Theologe Klaus Peter Hertzsch, inzwischen 80 Jahre alt, hat den Weg der Emmaus-Jünger beschrieben, unser Ostermontags-Evangelium in Verse gekleidet. Da vernehmen wir noch einmal, wie aus dem Ende ein neuer Anfang wird: aus dem, was zunächst nur als Abbruch empfunden wurde, ein Aufbruch ins Leben - und wie so etwas ganz Neues für sie beginnt, auch wenn sie schon viel in ihrem Leben hinter sich haben. Die Verse von Klaus Peter Hertzsch lauten so:[1]

Wir wussten es nicht: es war der Ostertag. / Wir waren unterwegs bei schrägem Sonnenlicht, / da uns der Tempelberg schon längst im Rücken lag / und noch von Emmaus kein Dach in Sicht.

Sah'n das Land an uns vorübergleiten, / während wir hindurchgewandert sind: / Menschen, viele Orte, Jahreszeiten, / Vogelflug in unerreichten Weiten, / hin und wieder schon der Abendwind.

Neben unsern Schritten - seine Schritte, / da er sich plötzlich zu uns gesellt. / Im finstern Tal ging er in unsrer Mitte. / In unserm Zwiegespräch war er der Dritte, / und er erklärte durch sein Wort die Welt.

Er zog mit uns in wechselnden Gestalten, / uns sehr vertraut - uns völlig unbekannt. / Zuweilen konnten wir sein Bild behalten. / Im Neugewordenen sahen wir den Alten, / und seltsam hat in uns das Herz gebrannt.

Nun, da der Tag sich neigt und wir die Tür aufklinken, / brennt schon die Lampe, ist der Tisch gedeckt. / Und Brot zu essen, Wein ist da zu trinken. / Es ist wie Anfang mitten im Versinken, / und nun am Abend werden wir geweckt.

Der dort am Tische sitzt und uns das Brot gebrochen / und der mit uns im Wechselwort gesprochen, / der Herr, mit dem wir redeten und handelten -

der dort am Tische sitzt und uns den Kelch gesegnet / und der so vielgestaltig uns begegnet, / er bleibt sich immer gleich. Doch wir sind die Verwandelten.

Noch am Abend brechen wir auf.

Auch wir, liebe Gemeinde, können immer wieder aufbrechen, wenn wir Jesus Christus den Gefährten auf unserem Lebensweg sein lassen, wenn wir ihn unter unser Dach bitten, wenn wir ihn eintreten lassen in das Haus unseres Lebens und in unser Herz:

Bleibe bei uns, Herr; denn es will Abend werden und der Tag hat sich geneigt. **Amen.**

---

[1] Dieses Gedicht fand ich als eingelegtes Blatt, nur mit der Jahresangabe „1977" versehen, in einer antiquarischen Ausgabe von Klaus-Peter Hertzsch: Der ganze Fisch war voll Gesang, Stuttgart 1979

* * *

„Die Alte Grusche - eine Erwählung“ - Predigt zu 5. Mose 7,6-12
Ev.-luth. Marktkirche St. Georgii et Jacobi Hannover
31. Juli 2011 - 10. Sonntag nach Trinitatis (Israel-Sonntag)

6 Denn du bist ein dem Ewigen, deinem Gott, geheiligtes Volk. Dich hat der Ewige, dein Gott,
erwählt, sein leibeigenes Volk zu sein, aus allen Völkern, die auf der Erde sind. 7 Nicht weil ihr
etwa zahlreicher als andere Völker wäret, hat euch der Ewige angenommen und erwählt,
denn in Wahrheit seid ihr die wenigsten unter allen Völkern, 8 sondern bloß, weil der Ewige
euch liebt und den Eid halten will, den er euren Eltern geschworen hat, hat er euch mit star-
ker Hand aus Mizrajim geführt und aus dem Sklavenhause, von der Hand Pharaos, Königs
von Mizrajim, errettet. 9 Erkenne also, dass der Ewige, dein Gott, wahrer Gott ist, ein treuer
Gott, der seinen Bund hält und Gnade erzeigt denen, die ihn lieben und seine Gebote halten,
bis in das tausendste Geschlecht. 10 Seinen Hassern aber vergilt er vor ihren Augen und reibt
sie auf. Er trägt es seinen Hassern nicht lange nach, sondern vergilt ihm vor seinem Ange-
sicht. 11 Beachte also das Gebot, die Gesetze und Rechte, die ich dir jetzt zur Ausübung vor-
schreibe. 12 Wenn ihr diese Rechte annehmt, sie beachtet und ausübt, so wird der Erfolg sein,
dass der Ewige, dein Gott, auch den Bund und die Gnade halten wird, die er deinen Eltern ge-
schworen hat.[1]

Liebe Gemeinde!

«Lange saß sie bei dem Kinde / Bis der Abend kam, bis die Nacht kam / Bis die Frühdämmerung kam. Zu lange saß sie. / Zu lange sah sie / Das stille Atmen, die kleinen Fäuste / Bis die Verführung zu stark wurde gegen Morgen zu / Und sie aufstand, sich bückte und seufzend das Kind nahm...» Das Kind des Gouverneurs, dem die Revolutionäre schon den Kopf abgeschlagen haben. Dessen Frau hat sich aus dem Staub gemacht - mit ihren schicken Kleidern und teuren Pelzen, ihrer ganzen Gefolgschaft, aber ohne ihr Kind. Das hat nun die Alte Grusche, die einfache Dienstmagd, auf dem Arm. Gegen den Rat der Köchin ist sie zu diesem Kind zurückgekehrt, hat es in ihre Obhut genommen: den Erben der verhassten Herrschaft. Ihn werden die Revolutionstruppen als nächsten töten - und sie gleich mit. GRUSCHE: „Es schaut einen an wie ein Mensch.“ KÖCHIN: „Dann schau du's nicht an.“» Aber der Ruf des Kindes holt sie zurück, sein Blick lässt sie bei ihm bleiben, ungeachtet der Lebensgefahr, in der nun beide schweben. Eine Szene aus Bertolt Brecht: 'Der kaukasische Kreidekreis'.[2]

Erwählung, sagte ich in der Begrüßung, ist das zentrale Thema des heutigen Predigttextes aus 5. Mose 7. Ist die Alte Grusche, die Dienstmagd, der man alles auflädt,

---

[1] Textfassung nach W. Gunter Plaut (Hg.): Die Tora, in jüdischer Auslegung. Bearbeitung und Gestaltung von Annette Böckler. Einleitung von Walter Homolka, Bd. V, Gütersloh 2008, S. 123-125

[2] Bertolt Brecht: Der kaukasische Kreidekreis, es 31, Frankfurt/M. 1963, S. 27-34

eine „Erwählte“? Ja! Das Kind hat mit seinem Ruf und seinem Blick der Alten Grusche die Wahl genommen, sie aber zu einer „Erwählten“ gemacht.[1] Im Antlitz dieses Anderen wird sie ergriffen von dem, was sie unbedingt angeht. In ihr erklingt die Stimme der Liebe! Zwischen diesem Kind und dieser Frau entsteht eine Beziehung, der sonst niemand folgen kann. Aber Grusche muss ihr folgen, will sie - und sei es in Lebensgefahr - weiterleben! Wer so „erwählt“ ist, gehört zwar nicht mehr sich selbst, findet aber zu sich selbst: findet die eigene Lebensbestimmung. Das «Antlitz des Anderen» (E. Lévinas): Welch ein Lebenshorizont! Welch eine Transzendenz! Wie Gottes Gegenwart, die allem voraus ist! Gottes Spur im Leben von Menschen!

Im hebräischen Volk Gottes Spur befestigen, damit es immer wieder wird, was es ist - das will Moses. In einer stilisierten Szene verkündet der greise Moses an der Grenze zum Gelobten Land in einer langen Rede sein Vermächtnis für Israel. *Du bist ein dem Ewigen, deinem Gott, geheiligtes Volk. Dich hat der Ewige, dein Gott, erwählt, sein leibeigenes Volk zu sein, aus allen Völkern, die auf der Erde sind.* So Vers 6.

Moses - an der Schwelle ins verheißene Land, in das er sein Volk alleine ziehen lassen muss, am Übergang vom langen Weg der Befreiung zum noch längeren Weg in der Freiheit - erinnert an Gottes Treue zu den Vätern: zu Abraham, Isaak und Jakob, damit auch zu Sara, Rebekka und Rahel. Vor allem zeichnet er Gottes Spuren nach auf dem Weg aus der Sklaverei in Ägypten, durch die Fluten des Schilfmeeres, auf den steinigen Wegen durch die Wüste und in der Gabe der Gebote am Berg Sinai. Unbeachtet bleibt der Eigen- und Widerwille des Volkes. Unbeachtet alles, woran deutlich wird: Leichter ist es, Israel aus der Gefangenschaft herauszureißen als die Gefangenschaft aus Israel. Jetzt nur dieses Eine, Ergreifende, unbedingt Angehende: Du bist *geheiligt*! Du bist *erwählt*! Nicht Israel hat sich Gott, sondern Gott hat sich Israel *erwählt.*

Was aber sagen dazu die anderen Völker? Sie wittern Arroganz, Privilegien, Hochmut und Dünkel. Sie verbreiten Lügen, unterstellen - meist eigene Allmachtswünsche auf sie übertragend - Weltbeherrschungsabsichten, sperren in Gettos, verfolgen und vernichten. Das alles in einem christlichen Umfeld, ja, einer mächtigen Kirche, die Israels Erwählung für erloschen hält und nur sich selbst als die „Erwählte“ gelten lässt: Kirche statt Synagoge!

„Trotz alledem und alledem“ feiern Juden immer noch das Fest der 'Freude an der Tora', der Weisung Gottes vom Sinai. Noch in den Vernichtungslagern Nazi-

[1] Zum Thema „Erwählung“ siehe auch den ungewöhnlichen Roman von Thomas Mann: Der Erwählte, Erstausgabe, 1951, FischerTB 9426, Frankfurt/M. 1996, auf andere Weise die Josefs-Figur in „Josef und seine Brüder“.

Deutschlands haben sie das Sch'ma Jisrael gebetet: *Höre, Israel, der Herr ist unser Gott, der Herr allein...* (5. Mose 6,4).

„Erwählt sein" bleibt offenkundig Signatur und Stigma, Licht und Schatten zugleich. Es heißt für die Juden weder, sie hätten bessere Voraussetzungen, noch, sie wären besser als andere Völker - und noch weniger, sie würden es besser haben. Das klingt bereits in den Versen 7 und 8 an: *Nicht weil ihr etwa zahlreicher als andere Völker wäret, hat euch der Ewige angenommen und erwählt, denn in Wahrheit seid ihr die wenigsten unter allen Völkern, sondern bloß, weil der Ewige euch liebt...*

Gott hat mit Israel nicht die anderen Völker abgewählt. Sie gehören weiterhin zum Noah-Bund, der die ganze Schöpfung umfasst. Gott hat sich mit Israel das Kleine, Geringe, Unscheinbare erwählt. Gerade diesem „landlosen Haufen entlaufener Sklaven"[1] wird modellhaft eine große Verantwortung übertragen.

Israels Erwählung ist kein Vorrang und kein Vorrecht, sondern eine Verpflichtung: ein Ruf, eine Berufung, mit allen Sinnen an Gott als Einen und Einzigen zu glauben - und dieses Ergriffensein von dem, was uns Menschen unbedingt angeht, mit ganzem Vermögen zu leben. Und das heißt: Im «Antlitz des Anderen», das uns erwählt, Gottes Gegenwart, die Spur der Transzendenz wahrzunehmen. Gottes Humanität, die uns zum Leben erweckt, zu Glaube, Hoffnung, Liebe.

„Lass alles, alles Liebe sein", sang vor Jahren das Duo 'Rosenstolz', das gerade sein Comeback vorbereitet. Moses spricht genau das aus: *weil der Ewige euch liebt.* Gottes Liebe schafft, was sie liebt - sagt sinngemäß Luther. Im Blick auf eine thematisch ähnliche Aussage beim Propheten Amos schreibt Martin Buber, Gott habe Israel „aus-erkannt".[2] Dabei meint „erkennen" die innige Liebesbeziehung, das leibliche Heranrücken des einen Menschen an den anderen. So verstehe ich auch das - uns eher befremdende - *leibeigen.* So intim und inklusiv werden die „Auserkannten" auch *Gottes Augapfel* genannt (5. Mose 32,10). Ein schönes, ein poetisches Bild, in dem sich Wahrnehmungsfähigkeit und Verletzlichkeit verbinden. Wer Israel verachtet, verletzt Gott. Am deutlichsten wird die Liebesbeziehung in der Zusage, sie werde, wenn das Volk sie nicht aufkündige, bleiben *bis in das tausendste Geschlecht.* So steht es auch in den Zehn Geboten. Gottes Lebensangebot eröffnet einen unvorstellbar weiten Zukunftsraum. Gottes Segen kennt grundsätzlich keine Grenzen! Damit bekommt unser Handeln eine klare Zielvorgabe: Vorrang hat, gut ist, was kommenden Generationen dient! Wird aber das Lebensangebot der Gebote ausgeschlagen, regiert der Tod.

---

[1] Schalom Ben-Chorin: Die Erwählung Israels, München 1993, S. 87

[2] Martin Buber: Die Erwählung Israels, in: ders.: Werke II, München 1964, S. 1037-1051 (Amos 3,2; 9,7)

Das leuchtet mir ein. Gleichwohl habe ich es schwer mit den Worten, in denen das in Vers 10 ausgedrückt ist: *Seinen Hassern aber vergilt er vor ihren Augen (d. h. auf der Stelle) und reibt sie auf.*

Gewiss, ein Gott ohne Eifer und Zorn ist nur ein „Gottchen": ein gewünschter, kein wahrer Gott. Und wäre der 'offenbare', 'freundliche' Gott nicht auch der 'verborgene', 'fremde', müsste ich die dunklen Seiten des Lebens einem Dämon zuschreiben. Dann aber bliebe mindestens die Hälfte meines Lebens ohne Gott, es gäbe weder einen Trost noch einen Ausweg. Und ließen Eltern ihren Kindern alles durchgehen, sie ließen sie allein.

Gewiss, hier werden die schlimmen Folgen der Gebotsmissachtung ausdrücklich auf die betreffende Person und die Jetztzeit bezogen, nicht auf die Sippe, nicht auf folgende Generationen. In den Zehn Geboten war noch von Negativwirkungen bis in die dritte und vierte Generation die Rede. In 5. Mose 7 geht es also um die Begrenzung des Zornes, die Eingrenzung der Gewalt – und um ein unmittelbares Verpflichtungs- und Verantwortungsverhältnis. Außerdem spricht und vollzieht hier einzig Gott und kein Mensch Recht. So wird das Recht in einem persönlichen Korrespondenzverhältnis verortet – und unser modernes Rechtsverständnis theologisch vorbereitet.

Gewiss, Gott will eigentlich vergeben statt vergelten! Für umso unangemessener halte ich die Sprache der Gewalt. Was Moses hier in den Mund gelegt ist, bleibt hinter dem zurück, was bereits - im selben Atemzug - angemessener ausgedrückt wurde. Solches Zurückfallen hinter Einsichten, die einem zuteil geworden sind, finde ich auch bei Paulus, bei Luther - gerade im Blick auf seine Aussagen zu den Juden - und ebenso bei mir selbst. Ja, auch die Menschen, die Gott besonders verbunden sind bzw. sein wollen, müssen sich ganz lange der Gnade aussetzen, um angemessene Worte für Gottes Wirken zu finden. Kurt Marti, der Schweizer Dichterpfarrer, nun 90 Jahre alt, hat es versucht:[1]

»Erwählung« - ob ein solches Wort / wohl noch Vernunft, noch Sinn? / Nach so viel Vernichtungsorgien / von Menschen, von Völkern, / die sich erwählt glaubten, / denke ich eher: Nein. - Es wäre denn, / wir wollten unter Erwählung verstehen, / dass Pflanzen, Tiere, Menschen, / dass alles, was lebt, / dazu ausersehen ist, / auf diesem kleinen Planeten / eine Vergänglichkeit lang / atmen, lieben, sich tummeln zu dürfen. - So: Ja. - Nur so.

Liebe Gemeinde, im Blick auf unseren Predigttext beunruhigt mich noch eine andere, sehr aktuelle Frage: Ist es in unserer Gesellschaft, in der Nationen, Kulturen und Religionen auf begrenztem Raum immer enger zusammenleben, überhaupt

[1] Kurt Marti: Der Heilige Geist ist keine Zimmerlinde, Stuttgart 2001, S. 61

noch angebracht, von Erwählung zu sprechen? Diese theologische Grundfigur kann nun einmal leicht im ausschließlichen und ausschließenden Sinn gebraucht werden, sozusagen 'exklusiv' - und damit 'explosiv' und 'exzessiv'. Das zeigen uns alle Formen von Extremismus und Terrorismus. Es wird erkennbar in den grauenvollen Anschlägen eines Totalverirrten in Norwegen wie in der dumm-dreisten Propaganda rechter Kreise bei uns.

Auf meine Weise Gedanken des britischen Philosophen und Rabbi Jonathan Sacks[1] aufnehmend, gebe ich einige Impulse zum Weiterdenken: Jede Begegnung, jede Gemeinschaft, deren Grund Liebe ist, ist eine grundlose Erwählung, nur 'inklusiv', in sich selbst verstehbar. Wie Gottes Bund mit Israel. Wie der Blick des Kindes die Alte Grusche bindet. Unverwechselbar, unaustauschbar, unzugänglich und unerklärlich für Dritte wie die Liebe zweier Menschen. Sie will als etwas ganz Eigenes entdeckt und gelebt, anerkannt und geschützt werden - als eine kleine Welt für sich. In diesem Sinn ist sie einschließend, ohne, recht verstanden, zu verschließen.

In den verschiedenen Religionen nun erfahren die als Verschiedene geschaffenen Menschen eine je eigene Zugehörigkeit, in der sie sich - ja, eben: „erwählt“ wissen. Je gewisser und bewusster religiöse Menschen nun diese Art Inklusivität leben, desto mehr Kraft wächst ihnen zu, andere in ihrer Inklusivität zu verstehen und zu achten, also gegenseitige Anerkennung zu üben, die jeder ihre und jedem seine Bedeutung lässt; Gleichwertigkeit braucht keine Gleichartigkeit. Relativismus verunsichert. Eine gelebte Inklusivität jedoch könnte *der* notwendige Beitrag der Religionen zu Frieden und Gerechtigkeit sein. So ist es Gabe und Aufgabe der Religionen, die Würde des Verschiedenen als Würde der Verschiedenen darzustellen, zu wahren und zu fördern. Eines kommt hinzu:

Menschen, die sich in diesem Sinn „erwählt“ wissen, werden nicht von der großen Ratingagentur 'kapitalistische' Wirtschaft auf ihre Interessen oder ihren Marktwert herabgesetzt. Mit anderen Worten: In einer Welt, in der alles für verfügbar und machbar gehalten wird, steht Erwählung für das Unverfügbare und dem Machen Entzogene, für einen Sinnraum, der uns umfängt und in dem wir angesprochen sind - und deshalb für wahre Humanität: für die Würde des Menschen, die keinen Preis kennt, wie es Kant einmal gesagt hat. Deshalb sollten Glaubensüberzeugungen unvermischt bleiben, was sie je für sich sind, aber sich des ihnen Eigenen bewusst und gewiss einander begegnen und anerkennen. Dann braucht niemand aus den Wahrheitseinsichten, die ihm zuteil geworden sind, Ansprüche auf Letztgeltung abzuleiten.

---

[1] Vgl. Jonathan Sacks: Wie wir den Krieg der Kulturen noch vermeiden können, Gütersloh 2007 (engl. The Dignity of Difference)

Möge es nach dem widerwärtigen Verbrechen in Oslo und Ütoya den Norwegern, möge es ganz Europa gelingen, eine *offene* Gesellschaft zu bleiben! Eine Gesellschaft der Differenz ohne Diskriminierung!

Dem Juden Jesus verdanken wir die Taufe. Durch sie werden wir zu Christinnen und Christen, in versöhnter Verschiedenheit. Durch meine Taufe darf ich mich persönlich von Gott bejaht wissen und deshalb mich selbst bejahen. So bin ich „erwählt" und einem ebenfalls „erwählten Volk" zugehörig, der Christenheit. Die Christenheit darf sich aber niemals mehr an der Stelle der Judenheit sehen, sondern einzig als neuen Zweig am Ölbaum des Herrn, dankbar und demütig im Blick auf die gemeinsame Wurzel. Nach dem Zeugnis des Paulus in Römer 9 bis 11 bleiben die Menschen jüdischen Glaubens von Gott „erwählt".

Mit ihnen gemeinsam hoffen wir, unser „Erwähltsein", hinter dem unsere Lebenspraxis immer zurückbleibt, das in Abgründe führt, wenn es als Aufruf zur Gewalt im Namen welchen Gottes auch immer missverstanden und missbraucht wird, werde sich im Reich Gottes erfüllen. Für alle „Erwählten" gibt es mehr Erweise für Gottes Liebe zu ihnen als für ihre Liebe zu Gott. Darin vor allem unsere Würde zu erkennen, sind wir auf Jesu Namen, auf seinen Tod und sein Leben getauft. Unsere Taufe ist mehr als ein Bund fürs Leben. Sie ist in ihrer Einschließlichkeit, ihrer Inklusivität unverwechselbar, weil sie in der persönlichen Lebenshingabe Jesu gründet. In deren Kraft kann nichts uns scheiden von der Liebe Gottes, sagt Paulus (Römer 8,31-39): Keine Macht im Himmel und auf Erden, keine Gewalt, kein Abgrund des Menschlichen. Amen.

* * *

„Zeichen am Weg" - Predigt zu Josua 5,13-15
Ev.-luth. St. Johanneskirche Hannover-Bemerode
25. September 2011 - Michaelistag

Liebe Gemeinde!

Auf den Michaelistag am 29. September vorausblickend, lese ich nach der neuen Zürcher Bibelübersetzung aus Josua 5 die Verse 13 bis 15:

13 Und als Josua in Jericho war, blickte er auf und sah hin, und sieh, ihm gegenüber stand ein Mann, das gezückte Schwert in der Hand. Und Josua ging zu ihm und fragte ihn: „Gehörst du zu uns oder zu unseren Feinden?"
14 Und er sprach: „Weder noch, ich bin der Heerführer des HERRN, eben jetzt bin ich gekommen." Und Josua fiel auf sein Angesicht zur Erde nieder und verneigte sich und sprach zu ihm: „Was hat mein HERR seinem Diener zu sagen?"
15 Und der Heerführer des Herrn sprach zu Josua: „Nimm deine Sandalen von den Füßen, denn der Ort, wo du stehst, ist heilig." Und Josua machte es so.

Dieser kurzen Begebenheit geht eine lange Geschichte voraus, ausgedrückt in einer symbolischen Zahl. „Vierzig“ Jahre lang zieht das Volk Israel durch die Wüste, auf Wegen und Irrwegen. Die Generation, die einst aus Ägypten aufgebrochen war, ist schon von einer neuen Generation abgelöst worden. Auch Moses, der die Israeliten angeführt hatte, ist inzwischen verstorben. Er konnte das verheißene Land nur von Ferne, von einem Berg aus erblicken; es zu betreten, blieb ihm versagt. Gott selbst, heißt es, habe ihn begraben: an einer Stelle, die kein Mensch kennt und findet. Moses hat noch Josua, einen jungen Mann, kaum älter als 20, als seinen Nachfolger einsetzen dürfen. Der hat mit Furcht und Zittern, doch besonnen und geschickt, das Volk vom Osten über den Jordan geführt. Dort lagern sie nun: vor der Stadt Jericho.

Jericho, das zeigen Ausgrabungen, ist eine der ältesten Städte der Welt: als Josua vor ihr steht, schon etwa 6.000 Jahre alt. Mit solchen Zahlenangaben wird erst seit etwa 250 Jahren Geschichte eingeteilt und erzählt. Doch schon Josua war sich dessen bewusst: Jericho ist eine ganz besondere Stadt, ihr eignet etwas Heiliges, Unantastbares. Wie kann, wie soll diese Stadt nur unsere Stadt werden? Wiederum: Furcht und Zittern! Josua - in seinem Zelt, nachts - macht sich Sorgen. Jerichos Mauern sind hoch, und er könnte auf bewaffnete Gegenwehr stoßen. Aber mit Waffen wird sein Volk von Schafzüchtern, die von Weideplatz zu Weideplatz ziehen, die wenig von Städten wissen, keinen Erfolg haben.

Kennen Sie solche Lebenslagen? Sie sollen etwas ausrichten, Sie haben sogar das Versprechen, etwas lange Ersehntes werde sich erfüllen, eine Verheißung - aber Sie wissen einfach nicht, wie es weitergehen kann, soll, wird?! In solchen Lebenslagen bitten Menschen um Begleitung und Geleit, um die Hilfe Gottes - und sprechen von einem ENGEL, einem Lebensbegleiter, der uns den Weg zeigt und eröffnet. Im ENGEL-Symbol personifizieren wir den erbetenen göttlichen Beistand. Weil wir Personen sind, können wir nur personal denken.

Die Gestalt allerdings, die Josua wahrnimmt, scheint alles andere als ein Bei-Stand zu sein: statt an seiner Seite steht sie ihm, als er die Augen aufhebt, gegenüber! Gegenüber! Das heißt: Sie steht ihm im Weg, dazu noch mit einem *gezückten Schwert in der Hand*. Statt ihm den Weg aus auswegloser Lage zu ebnen, hindert sie ihn erst einmal am Weitergehen. Diese ganz andere Vor-Stellung von einem ENGEL will uns jetzt dazu dienen, unsere ENGELS-Vorstellung zu überprüfen. So hilfreich und tröstlich ENGELS-Bilder und -Figuren sind, die wir in und bei uns tragen, die wir in die Hand nehmen können - Gottes ENGEL entzieht sich der Handhabbarkeit, wie Gott selbst. Davon erfahren wir etwas, wenn sich uns etwas in den Weg stellt: etwas, mit dem wir nicht gerechnet haben, das wir vielleicht sogar um jeden Preis vermeiden wollen, an dem wir aber einfach nicht vorbeikommen. So etwas ist für jeden Menschen anders.

Deshalb spreche ich jetzt, statt konkrete Beispiele zu nennen, nur von der Grunderfahrung einer besonderen Anforderung und Herausforderung. Derartigen unausweichlichen Inanspruchnahmen begegnen wir immer wieder. Sollen wir flüchten oder standhalten? Halten wir ihnen stand, können wir schon in dieser Anstrengung und Anspannung spüren, wie unser Leben erst dadurch lebendig wird.

Oft wird gesagt: Der Mensch muss sich aus sich selbst heraus entwickeln. Das ist richtig. Doch wie Blumen sich aus dem Samen heraus entwickeln und dazu Sonne und Regen von außen brauchen, lernen wir Menschen ebenso von innen nach außen wie von außen nach innen: erst dann wachsen wir. So kann Josuas sonderbare Begegnung mit einem, der sich erst einmal in den Weg stellt, uns vor Augen führen, wie auch wir einen Widerstand brauchen. Erst im Gegenüber entsteht Begegnung. „Der Mensch wird am Du zum Ich." (M. Buber) Auch als Gegenüber ist unser ENGEL bei uns. Gottes Mittler treffen wir auch im Unerwarteten, wo ein schwerer, unbekannter Weg vor uns liegt. So ist der ENGEL Wegmarke, Zeichen am Weg.

Eben das scheint Josua erkannt zu haben: Er fragt sein Gegenüber: Freund oder Feind? Ich soll mich weder unnötig in Gefahr begeben noch ein Held sein - aber sie ständig nur vermeiden zu wollen, macht alles nur noch gefährlicher. Besser ist es, auf den Fremden zuzugehen. Wer nämlich nur die Spur eines Auftrags Gottes in sich spürt, darf eines Mutes gewiss sein, der immer eine Spur stärker ist als die Furcht. Denn Gott gibt uns die Kraft, die wir brauchen, *wenn* wir sie brauchen.

Josua braucht eine große Kraft für seine große Aufgabe. Diese soll und wird er aber anders lösen, als er es vermutet, vielleicht sogar befürchtet. Sein Gegenüber stellt sich weder als Feind noch als Freund vor, sondern als *Heerführer des HERRN*. In der altisraelitischen ENGEL-Welt ist das der Erzengel Michael, zu deutsch: „Er ist wie Gott", der Anführer der Engel. Was erwarten Sie vom *Heerführer des HERRN*? Vermutlich doch, dass der Truppenoberst mit dem Schwert in der Hand nun seine Befehle für den Kampf erteilt. Josua aber vernimmt etwas anderes: *Nimm deine Sandalen von den Füßen, denn der Ort, wo du stehst, ist heilig.* Wäre eines der modernen Computerspiele, wo die Spieler am PC auf fliehende Menschen schießen, so angelegt - niemand würde es kaufen. Geht es aber um die Verheißung, den Lebenszuspruch und -auftrag Gottes, geht es anders zu.

Nimm deine Sandalen von den Füßen, denn der Ort, wo du stehst, ist heilig. Ein Echo der Worte, die einst Moses aus dem brennenden Dornbusch hörte! Gott rief und berief ihn, das Volk Israel aus der Knechtschaft in Ägypten in die Freiheit zu führen. Mit dieser Ansprache wird Josua als Moses Nachfolger bestätigt. Freilich muss er dabei erkennen: Das verheißene Land darf nur in Ehrfurcht betreten werden: „Schuhe aus, dieses Land gehört Gott, und nur wer ganz und gar von diesem Gedanken durchdrungen ist, darf hineingehen. Nur der Ewige selbst erschließt den Zugang zum Land und jetzt zur Stadt Jericho. Schuhe aus, Josua, Du und Dein Volk, ihr nehmt dieses neue Leben in Freiheit aus Gottes Hand. Das bringt euch Anstrengung und Anspannung. Aber ihr seid keine Eroberer, die Landnahme ist kein Eroberungskrieg." Dann wird im 6. Kapitel des Josua-Buches erzählt, wie Jerichos Mauern fallen: durch eine heilige Handlung statt durch eine kriegerische. Sechs Tage lang ziehen die Israeliten unter Posaunen-, genauer: Widderhornklängen mit den beiden Gebotstafeln um die Stadt, am siebten Tag, dem Gott geweihten Sabbat, gehen sie siebenmal um die Stadt - und erst bei Posaunenklang und Jubelrufen zerbersten Jerichos Mauern.

Die «Posaunen von Jericho». Wir kennen sie als Redewendung. Und als Lied der Hoffnung gegen Unterdrückung und eigene Angst, sangen die schwarzen Sklaven Nordamerikas: «Joshua fit the battle of Jericho, Jericho, Jericho; Joshua fit the battle of Jericho, and the walls came tumblin' down». Ja, es geht um Befreiung. Gerade wenn Israel in dem verheißenen Land lebt, soll immer wieder eine Befreiung stattfinden: Alle sieben Jahre soll das Land, wenn jemand es verkaufen musste, dem ursprünglichen Besitzer zurückgegeben werden; wer in Schuldknechtschaft geraten ist, soll seine Schulden durch einen Schuldenerlass los sein; was auf dem Land von selbst wächst, soll Witwen, Waisen, wilden Tieren und Fremden überlassen bleiben. Denn das Land ist kein Eigentum des Menschen, sondern Gottes - die ganze Schöpfung: Menschen, Tiere, Pflanzen, Boden, Wasser, Luft, alles, was auf, in und über der Erde ist... Ist es in der Bibel etwa anders gedacht, als wir daraus gemacht haben? Wir spekulieren sogar mit nur virtuellen wirtschaftlichen Werten, hinter denen keine Produktionskraft steht, machen Schulden und stürzen ganze Völker in Schulden, die Finanzmärkte treiben die Politiker vor sich her... Wir müssen jenes biblische Modell auf seine Tauglichkeit überprüfen. Das Marktmodell ist unschlagbar. Aber wenn es zum reinen Geldmachtmodell wird? Dann sollten wir fragen, wie wir den biblischen Grundgedanken, dass an der Lebensgabe und den Lebensgaben alle frei und gleichmäßig teilhaben sollen, verwirklichen können. Denn in, mit und unter alledem geht es um etwas Heiliges, um das Eigentum Gottes: um das Leben selbst. Kann es in einer Welt entfesselter Märkte noch etwas Heiliges, Unverfügbares geben? Ist das der eigentliche Kampf, um den es heute geht: das Heilige zu achten, den Heiligen anzuerkennen - und damit das Recht, den Frieden und das Leben selbst zu retten, durch Jesus Christus gerettet zu wissen?

Josuas Gegenüber stellt sich ihm erst einmal in den Weg. So weist und eröffnet er ihm den Zugang zum Leben. So lässt er Josua in seine große Aufgabe und Rolle hineinwachsen. Denn er wird auf etwas Lebensentscheidendes aufmerksam gemacht: Es gibt Lebensbereiche und -vorgänge, die kein Mensch selbst bestimmen kann, so sehr er an ihnen beteiligt ist, so sehr sein Wille und sein Verstand gefragt sind. Auch für diese Erfahrung, diese Dimension des Lebens ist der ENGEL ein Symbol: für das, was unabhängig von unserem Tun und Lassen geschieht, was schon da ist und auch nach uns da sein wird, was nicht wir bestimmen, sondern was uns bestimmt ist. Ausgedrückt in dem alten, mythischen Bild vom Kampf Michaels: Der ENGEL bringt mit Macht wieder zur Geltung, was wir als „heilig" oder „göttlich" bezeichnen, weil es zu den nicht-herstellbaren Voraussetzungen unseres Lebens gehört: die Liebe, die menschliche Würde, die Freiheit und die Verantwortlichkeit, die ganze Schöpfung, aber auch unsere Endlichkeit, die ja erst jeden Augenblick unseres Lebens so einmalig und deshalb wertvoll macht. Darum kommt vor allem Denken das Danken, vor allem Handeln das Beten und vor allem Mut die Demut.

Genau das war der Glaube für Dag Hammarskjöld, den zweiten Generalsekretär der Vereinten Nationen. In dieses Amt wird der Schwede 1953 und 1957 gewählt. Vor 50 Jahren, genau am 18. September 1961 wird er im afrikanischen Dschungel neben dem Wrack seines Flugzeugs tot aufgefunden. Er war auf den Weg zu einer riskanten Friedensmission im Kongo. Die Ursachen des Flugzeugabsturzes bleiben ungeklärt. Der Ökonom Dag Hammarskjöld, wohl der bedeutendste UN-Generalsekretär, stellte als einer der ersten und entschiedensten Staatsmänner sein Leben in den Dienst für Weltfrieden und weltweite Gerechtigkeit. Nach seinem Tod erscheint eine Sammlung seiner Gedanken, Gedichte und Gebete. In „Vägmarken" erfährt endlich alle Welt: Dieser oft von Ost und West angefeindete Politiker verstand seine unerwartbare Wahl als unerwarteten Ruf Gottes, als Gottesbegegnung, in der sich ihm ein unbedingter Anspruch in den Weg stellt. In der deutschen Ausgabe „Zeichen am Weg",[1] finden sich auch die folgenden Texte von Dag Hammarskjöld: *Dem Vergangenen: Dank, dem Kommenden: Ja! - Sorge nicht, wohin dich der einzelne Schritt führt: Nur wer weit blickt, findet sich zurecht. - Du wagst dein Ja - und erlebst einen Sinn. Du wiederholst dein Ja - und alles bekommt Sinn. Wenn alles Sinn hat, wie kannst du anders leben denn als Ja? - ‚Sich selber vergeben'? Nein, das geht nicht. Uns muss vergeben werden. Aber wir können an Vergebung nur glauben, wenn wir selber vergeben.* Wenige Wochen vor seinem Tod verfasst er dieses Gebet, als hätte der ENGEL vor ihm gestanden und ihn angeredet:

Erbarme dich / unser. Erbarme dich / unseres Strebens, dass wir / vor dir, / in Liebe und Glauben, / Gerechtigkeit und Demut, / dir folgen mögen, in Selbstzucht und Treue und Mut / und in Stille / dir begegnen. ... Du, / den ich nicht kenne, / dem ich doch zugehöre. / Du, / den ich nicht verstehe, / der dennoch mich weihte / meinem Geschick. Du - - - Amen.

* * *

„Gerne sehen“ - Predigt zu 4. Mose 21,4-9 mit Johannes 3,14+15 und 12,21c Ev.-luth. Kreuzkirche Bremerhaven - 25. März 2012 - Judika

Liebe Gemeinde!

Es gibt ja viele gute Gründe, weshalb ich gerne in dieser Kreuzkirche bin, hier bei Euch in Bremerhaven.[2] Einer dieser Gründe ist die Inschrift am unteren Balken der Empore: *Herr, wir wollten Jesum gerne sehen!* (Johannes 12,21c) Diese Inschrift lässt uns, wenn wir hinausgehen, den Kopf heben. Dann gehen wir nicht mit gesenktem Blick nach Hause, sondern mit aufrechtem Gang, offenen Augen, freiem Herzen. Dann wählen uns der Glaube, die Hoffnung, die Liebe. Dann wählt uns der Weg, den wir gehen, der Mut - und die Furcht hat zu schweigen.

In der ersten Biblischen Lesung, der Lesung aus 4. Mose 21, haben wir gehört, wie das Volk Israel von Gott selbst aufgefordert wird, den Kopf zu heben und den Blick auf eine eiserne Schlange zu richten. Moses wird sie hoch oben auf einer Stange anbringen, so wird sie vor dem wandernden Gottesvolk herziehen. Ein seltsames Bild, vermutlich aus urtümlichen, unbewussten Tiefenschichten des Menschseins! Ich nähere mich einer Deutung dieses Archetypus, indem ich Vers für Vers dem für heute vorgeschlagenen Predigttext folge: $_4$*Da brachen sie auf von dem Berge Hor in Richtung auf das Schilfmeer, um das Land der Edomiter zu umgehen.*

Diesem Aufbruch ging ein anderer voraus: Moses hatte Israel aus der Gefangenschaft in Ägypten, aus dem Sklavenhaus befreit. Doch nun bricht es wieder dorthin auf, woher es einst kam: in Richtung Schilfmeer. Aber es sollte doch der Weg in die Freiheit sein?! Es ist wohl meistens so, dass dieser Weg durch Wüstengebiet geht, wo es unerwartete Gefahren und Hindernisse gibt. Beim Zug Israels durch die Sinai-Wüste war es auch vernünftig, dem kampfstarken Edomiter-Volk auszuweichen, sonst hätte es Mord und Totschlag und mehr Verlust als Gewinn gebracht. Derartige Hindernisse geschickt zu umgehen, dabei aber das Ziel im Blick zu behalten - das gehört zu jedem größeren Vorhaben dazu. Wann und wem gelingt schon vom Start weg der Einlauf ins Ziel? Schnelle Siegesläufe können blind machen für Gefahren.

Die Befreiung ist eben nur der Beginn der Freiheit. Die Freiheit selbst will erschlossen, bewährt, verantwortet werden, damit die Befreiten auch wirklich als freie Menschen denken und handeln. Als 1949 das Grundgesetz in Kraft trat, begann erst ein langer Weg, den Raum der Freiheit mit Leben zu füllen. Wir sind immer noch auf

---

[1] Dag Hammarskjöld: Zeichen am Weg, München/Zürich 1965

[2] Predigt zu „150 Jahre Kreuzkirche Bremerhaven“. Dort, in meiner Heimatstadt, war ich von 1976 bis 1983 Pastor. Die Kreuzkirchengemeinde in (jetzt) Bremerhaven-Mitte wurde im dortigen Auswandererhaus gegründet.

dem Weg, zumal 1989 mit dem Fall der Mauer sich neue Horizonte auftaten, aber auch neue Herausforderungen. Joachim Gauck, unser neuer Bundespräsident, hat in seiner Antrittsrede vor zwei Tagen überzeugend deutlich gemacht, wie die Freiheit das höchste politische Gut ist.

Für den Weg der Befreiten zu immer erkennbarerer Freiheit gibt uns der heutige Predigttext entscheidende Hinweise: Wenn es Hindernisse gibt, darf das niemals heißen: ‚Alles zurück auf Null!' Die Mühen der Ebene, für die der Umweg zurück ans Schilfmeer hier steht, sind zwar oft schwer zu ertragen, werden aber als Abwege ganz und gar missverstanden. Vor allem wenn man die verheißene Gottesnähe zur Glücksgarantie umdeutet. Dann können vor lauter Stolpersteinen im Alltagstrott Weg und Ziel aus dem Blick geraten. Im Hebräischen heißt es wörtlich: *Da wurde die Seele des Volkes kurz wegen des Weges.* Wie eine Sehne zieht die Seele sich zusammen und verkümmert. Luther übersetzt das so: 5*Und das Volk wurde verdrossen auf dem Wege und redete wider Gott und wider Mose: „Warum hast du uns aus Ägypten geführt, dass wir sterben in der Wüste? Denn es ist kein Brot und kein Wasser hier, und uns ekelt vor dieser mageren Speise.“*

Kennen Sie das auch? Ich kenne es von mir: Je länger der Weg, desto „kürzer“ wird die Seele. Weil es dauert und dauert, geht einem die Puste aus! Offenbar haftet uns Menschen eine besondere Form von Kurzatmigkeit, Kurzsichtigkeit, ja Kurzschrittigkeit an: Wir vergessen die eigene Hoffnung und verlieren die äußere und innere Orientierung. Gewiss war das Speiseangebot schmal. Aber das "Manna" in Bausch und Bogen als "magere Speise" abzutun?! Gewiss verdirbt Süßes auf Dauer Gaumen und Magen. Aber das Himmelsbrot als Ekelfraß gleich „in die Tonne zu treten“?! Einerseits zu behaupten, es gebe überhaupt kein Brot und Wasser, sich andererseits über die miese Verpflegung zu beklagen - wie passt das zusammen? Ach ja, wenn etwas nicht so ist, wie ich es will, ist es nichts!

Auf diese Weise wird das einst gepriesene Wunder als selbstverständliche Alltäglichkeit „verfrühstückt“. Die Gewöhnung an Gottes alltägliche Hilfe wird zum Tod des Wunders. So jammert denn das Gottesvolk lieber über die Dunkelheit, statt selbst ein Licht anzuzünden. Unzufriedenheit - tödlich wie ein Schlangenbiss! Und so mündet sie auch in den Schuldvorwurf, der sich zur Generalanklage auswächst: *Warum hast du uns aus Ägypten geführt?* Wer die Frage so stellt, verklärt das Sklavenland zum Traumland. Will man denn - um einer warmen Mahlzeit willen - die Freiheit wieder gegen die Knechtschaft tauschen? Aus dieser Haltung spricht Selbstentmachtung und Selbstverachtung. Die Freiheit wird als das Fremde betrachtet, die Unfreiheit als das Eigene. Die rabbinische Überlieferung hat diese Dauergefahr erkannt: "Das eigentliche Exil Israels in Ägypten war, dass sie es ertragen gelernt hatten."

In welchem EXIL befinden wir uns heute? Was ist die ungute Bindung, aus der ich mich weder befreien kann noch will? Solch eine Frage kann nur persönlich beantwortet werden. Klar ist: Wer will, dass alles bleibt, wie es ist, will nicht wirklich, dass es bleibt, wie es ist! Über das Persönliche hinaus sehe ich für uns alle gemeinsam diese zentrale Aufgabe, mit der alles andere zusammenhängt:

Endlich die Chance zu ergreifen und die Energiewende gründlich zu vollziehen, also technische Innovationen voranzutreiben - Bremerhaven ist z. B. mit der Windenergie auf dem richtigen Weg – und Abschied zu nehmen davon, neunzig Prozent des weltweiten Energiebedarfs aus fossilen Brennstoffen zu decken. Diese Rohstoffe gehen deutlich zur Neige. Die Verbrennung der Reste beschleunigt die Erderwärmung. Während hier die Deiche erhöht werden müssen (was viel Geld kostet), geht der Klimawandel zu Lasten der ohnehin schon Armen auf der Südhalbkugel der Erde. Überhaupt geht es darum, den kommenden Generationen, von denen wir diese Erde nur geliehen haben, die Lebenschancen zu lassen, die sie benötigen und auf die sie ein Recht haben. Das heißt für uns auch: mit weniger zufrieden zu sein.

Freiheit wird, bis auf „F“ und ohne „G“, mit Gerechtigkeit buchstabiert und diese durch Nachhaltigkeit näher bestimmt. Ohne sie bleiben „Freiheit“ und „Verantwortung“ inhaltslos. Aber sie wirklich wahrzunehmen, gehört zum Besten, zu dem Menschen beauftragt und befähigt sind. Werden wir also wieder zu Realisten, die den irrealen Glauben an einen ungebremsten, auf Kohlestoffen basierten sog. Fortschritt hinter sich lassen! Zur Freiheit gehört das Lassen! Wir leben alle auf *einer* Erde! Wir haben gemeinsam - alle, die jetzt mit uns sind, alle, die nach uns kommen - nur diese *eine* Erde, die nun einmal keinen Notausgang hat!

Hören wir - auf diesem Hintergrund - den nächsten Vers: $_6$*Da sandte der HERR feurige Schlangen unter das Volk; die bissen das Volk, dass viele aus Israel starben.*

Da sandte der HERR: Kamen die Schlangen wirklich so unerwartet? In der Wüste gibt es überall Schlangen! Im Hebräischen steht da wörtlich: Gott habe die Schlangen „aufgedeckt“. Sie sind keine Strafe Gottes, sondern eine Erkenntnishilfe: Der Weg in die Freiheit ist stets gefährdet und angefochten. Mehr noch: Gott zeigt uns die Welt ohne Gott. Wie einsam und verlassen können wir sein! Was es bedeutet, ins Nichts hinein zu sterben, statt sich auch im Tod in der Liebe Gottes geborgen, ja neugeboren zu wissen! „Du kannst nicht tiefer fallen als nur in Gottes Hand...“ (EG 533).

Selbst Martin Walser hat - in der F.A.Z. von gestern - gesagt, zwar gebe es keinen Gott, aber er fehle doch und es gelte, den empfindlichen Mangel zu erkennen! Wir könnten ihn nicht beseitigen, seien aber gut beraten, Gott wenigstens zu vermissen.

Ganz allgemein gilt: Wo soviel halbgare und halbwahre Vergangenheitssucht ist, wo das Sklaven- zum Traumland umgedeutet wird, wo Hoffnungs- und Orientierungslosigkeit Hand in Hand gehen, wo Himmelsbrot nur noch als Ekelfraß entsorgt wird, wo es aus Furcht vor den Durststrecken an der Bereitschaft zu neuen Wegen fehlt - da hat das Unheil sich schlangengleich in die Seelen eingeschlichen und ist dabei, sie zu vergiften. Und schnell züngeln weitere Schlangen empor: Die Schlange mangelnder Achtung vor den Schöpfungsgaben, die so überaus reichlich, aber doch endlich sind. Die Schlange, die Vergangenheit als Heilszeit zu idealisieren. Und noch bösartiger: Die Schlange des Neu-Nazitums, die wieder ihr freches Haupt erhebt. „Der Schoß ist fruchtbar noch, aus dem das kroch..." (Bertolt Brecht).

Die Schlange des Misstrauens. Die Schlange der Doppelzüngigkeit. Die Schlange... Diese vielen Schlangen überall...

Aber ach, was soll ich jetzt all die kleinen oder größeren Schlangen aufzählen, die aus den verborgenen Höhlen unserer Seele hervorkriechen?! Viel hilfreicher ist es, nach einer Wende des Geschehens Ausschau zu halten: *7Da kamen sie zu Moses und sprachen: „Wir haben gesündigt, dass wir wider den HERRN und wider dich geredet haben. Bitte den HERRN, dass er die Schlangen von uns nehme." Und Moses bat für das Volk.*

Wie oft ist Moses in die Bresche gesprungen?! Wie oft hat er sich bei Gott für sein Volk eingesetzt?! Auch gegen seine eigene Überzeugung, ungeachtet seines eigenen Zorns über sein Volk, ungeachtet auch seiner eigenen Ängste! Moses ist wirklich ein Mittler. Auch jetzt. Er weiß: Sein Volk braucht einen Anstoß, eine Kraft von außen, um wieder ganz auf den Boden der Tatsachen zu kommen. Diese Tatsachen sind: Es gibt immer "Schlangen". Auch Gewissensbisse können wie Schlangenbisse sein. Vor allem: Nichts kann so schnell verspielt werden wie die Freiheit, der Frieden, das Recht, das Leben selbst. Allemal dann, wenn ich vergesse, für sie zu arbeiten, für sie einzustehen, für sie zu leiden.

Genau hier hat das Wort "Sünde" seinen Platz, und das bittende Volk beginnt langsam, etwas Richtiges zu erkennen: *Wir haben gesündigt...* Doch was ist überhaupt "Sünde"? Hier bedeutet "Sünde", sich der Einsicht zu verschließen, dass Gott Weg und Ziel meines Lebens bestimmt und ist. Wo ich mir das aber nicht mehr gefallen lassen will, unterwerfe ich mich anderen Bestimmungen und Bestimmern, lasse ich mich fremd-bestimmen. Solche Fremdbestimmung ist in der Tat ein "Reden wider den HERRN". Indem wir - entgegen dem 1. Gebot "Du sollst keine anderen Götter haben neben mir", das unserem Schutz dient - Vorletztes zum Letzten machen, etwas oder jemanden an die Stelle Gottes setzen, lassen wir uns fremd-bestimmen, auch durch immer größere eigene Wünsche. Schlechthinnig angewiesen, wie wir nun einmal sind, kommt es darauf an, zuerst nach Gottes Willen zu fragen und ihn in uns wirken zu lassen. Denn Gott ist nicht die Grenze, sondern der Grund unserer Freiheit!

Denken wir nur wieder an die Zehn Gebote. Recht verstanden sind sie nämlich Gottes Lebensangebot, das mich öffnet zur Welt und den Menschen hin, die mit mir auf dem Weg durch diese Welt sind. Es ist doch so: Wo ich dem Anderen schade, verschließt der sich vor mir - und ich bleibe eingeschlossen in meiner kleinen Welt, ein unfreier Mensch. Um es ganz drastisch zu sagen: Kain, der seinen Bruder Abel erschlägt, muss ohne Bruder leben.

So brauchen wir Widerstandskräfte gegen alles, was die Freiheit einschränkt, und zwar in beide Richtungen: gegen zu viele Grenzen und Begrenzer und gegen die eigene Grenzenlosigkeit.

8 *Da sprach der HERR zu Moses: „Mache dir eine eherne Schlange und richte sie an einer Stan-*
ge hoch auf. Wer gebissen ist und sieht sie an, der soll leben.“ 9 *Da machte Moses eine eherne*
Schlange und richtete sie hoch auf. Und wenn jemanden eine Schlange biss, so sah er die
eherne Schlange an und blieb leben.

Was sich anhört wie ein Zauber, gibt gleichwohl eine alte Weisheit zu erkennen: Den Bann, in den eine Gefahr uns schlagen kann, können wir erst brechen, wenn wir uns ein Bild von ihr machen. Ein Arzt, der einen kranken Körper untersucht, wird erst den Erreger identifizieren müssen, ehe er zum Gegenmittel greifen kann. Beim Impfen werden durch Krankheitserreger Gegenkräfte gegen eben diese Krankheit erzeugt. Äskulap, der Gott der Heilkunst, wird mit dem Schlangenstab dargestellt. Äskulaps Diener können das böse Getier erst unschädlich machen, wenn sie es aufgespießt, betrachtet und noch dem Gift Heilkräfte abgerungen haben.

Lebensfähig werde ich nur, wenn ich dem Bedrohlichen - statt ihm auszuweichen, statt es wegzuwünschen - ins Auge sehe. Statt der Angst den „Mut (zu) wählen“ (Joachim Gauck), ohne übermütig zu werden, kann ich nur, wenn ich die Angst kenne und dingfest mache. Darum soll Moses die Schlange *außen* aufrichten. Dann bleibt es niemandem verborgen und niemand kann es vor sich selbst verborgen halten, dass außen und innen Schlangen lauern. Die eiserne Schlange anzuschauen, heißt demnach: weder die Gefahr zu leugnen oder zu meinen, sie ein für allemal bannen zu können, noch sich von ihr bannen zu lassen - und ebenso wenig von giftigen Schlangenbissen selbst giftig und bissig zu werden. Dann werden wir auch dem, was Menschen erleiden, und dem, was sie einander zufügen, ins Auge schauen.

Eines gebe ich dazu noch zu bedenken: Angesichts der Macht der Finanzmärkte, deren Renditedenken alle unsere Lebensbereiche durchdringt, bis in die letzten Winkel der Erde hinein, bis in die Poren unseres persönlichen Lebens, sollten wir im Blick behalten: Die Freiheit kommt unter die Räder nicht nur in der Diktatur des

Proletariats, sondern auch in der Diktatur des Profits. Dagegen ist der christliche Glaube diejenige Freiheit, die für das Unverrechenbare und Unbezahlbare, für das Unabgegoltene und Unabgeltbare, ja für das untröstbar Ungetröstete eintritt - für dessen Würde und Recht. Heute soll und will man auch das Gute kaufen, aber es hat doch seinen Wert in sich selbst, weil es von der Güte lebt, von der Güte Gottes.

Kurzum: Einsicht in die Quelle des Unheils kann die Quelle zur Heilung sein, Einsicht in die Ursachen der Unfreiheit der erste Schritt zur Freiheit. Zu alledem gehört, die Verantwortung nicht an übergeordnete Vater- oder Mutterfiguren abzugeben und sich selbst wegzuducken. Moses jedenfalls fordert in Gottes Namen das Gottesvolk auf, den Blick vom Boden loszureißen und den Kopf zu heben.

Ein atemberaubendes Bild: Die Schlange als sichtbares Zeichen für Unheilvolles, zugleich jedoch auch Zeichen für Heilsames! Und ein Gott, der statt in einem statischen heiligen Bild - gleichsam eingeschlossen in einen gesicherten Raum - auf Wegen und Umwegen gegenwärtig ist!

Darum konnte der Evangelist Johannes das Bild von der aufgerichteten Schlange auf das Kreuz Jesu Christi übertragen. In der zweiten Lesung aus Johannes 3 (Verse 14+15) haben wir vorhin gehört: *Und wie Mose in der Wüste die Schlange erhöht hat, so muss der Menschensohn erhöht werden, damit alle, die an ihn glauben, das ewige Leben haben.* Auf das Kreuz blickend sehe ich Leid und Schuld und alles, was Leben bedroht und zerstört. Und ich erkenne den, der nicht ausgewichen ist, sondern dieses alles auf sich genommen hat.

• So ist, wie wir gleich singen werden, das Holz auf Jesu Schulter der wahre Lebensbaum!

• Nun kann der Blick auf den Gekreuzigten den Blick auf die Schlange ablösen.

• Wer auf ihn schaut, den wählt der Mut, der Glaube, die Hoffnung, die Liebe, den wählt die Freiheit und die Verantwortung.

• Wer Gott vermisst, aber auf ihn schaut, ist nicht zu stolz, wie Jesus am Kreuz Gott um Gott zu bitten.

• Wer auf ihn schaut, wird ins gelobte Land einziehen, um Gott selbst zu schauen.

• Wir schauen auf ihn, wenn uns zur täglichen Bitte im Alltag unseres Lebens wird, was wir beim Hinausgehen aus dieser Kirche lesen und was uns den Kopf heben und den Rücken strecken lässt:

Herr, wir wollten Jesum gerne sehen! Amen.

Printed by Books on Demand GmbH, Norderstedt / Germany